CHRISTIAN

행복한 그리스도인
쉽게 풀어 읽는 신학 이야기

초판 1쇄 발행 2024년 3월 11일

지은이 김강석
펴낸이 장길수
펴낸곳 지식과감성#
출판등록 제2012-000081호

교정 김지원
디자인 정은혜, 서혜인
편집 서혜인
검수 주경민, 정윤솔
마케팅 김윤길, 정은혜

주소 서울시 금천구 벚꽃로298 대륭포스트타워6차 1212호
전화 070-4651-3730~4
팩스 070-4325-7006
이메일 ksbookup@naver.com
홈페이지 www.knsbookup.com

ISBN 979-11-392-1679-0(03230)
값 12,000원

• 여기에 사용한 성경의 저작권은 (재)대한성서공회에 있습니다.
• 이 책의 판권은 지은이에게 있습니다.
• 이 책 내용의 전부 또는 일부를 재사용하려면 반드시 지은이의 서면 동의를 받아야 합니다.
• 잘못된 책은 구입하신 곳에서 바꾸어 드립니다.

지식과감성#
홈페이지 바로가기

CHRIS
T✝AN

행복한 그리스도인

| 쉽게 풀어 읽는 신학 이야기 |

김강석 지음

지식과감정

목차

제1장 성도의 행복

1. **믿어짐의 행복** — 12
   1) '보편적 부르심'과 '유효한 부르심'
   2) 부족함의 행복
2. **성도에게 우연이란 없다** — 15
3. **지금도 일하시는 하나님** — 18
   1) 하나님의 작정과 예정
   2) 하나님의 섭리
4. **결핍의 은혜** — 21
5. **새로운 시작** — 24
   1) 구원을 잃어버리지 말라
   2) 구원의 과정
   3) 건강한 두려움
6. **주인이 바뀌었다** — 28
7. **오늘보다 나은 내일** — 31
   1) 행복하십니까?
   2) 거룩함의 보화
   3) 성화의 삶
8. **아는 것의 힘** — 36

9. 당신의 진짜 가능성 ― 39
    1) 우리는 그가 만드신 바라
    2) 하나님의 선한 일
    3) 성령님과 동행하는 인생

10. 구원의 길 ― 43
    1) 구원에 대한 오해
    2) 그리스도를 영접함

11. 바라봄의 법칙 ― 47

12. 은혜의 원리 ― 50

제2장 복음의 내용

1. 하나님과 화평을 누리자 ― 54
    1) 의롭다 하심을 받는 은혜(화평)
    2) 계속되는 은혜(은혜)
    3) 바라고 즐거워함(소망)

2. 천국 복음 ― 59
    1) 하나님의 나라
    2) 화평과 은혜와 소망의 복음
    3) '종교'보다 '복음'이 먼저이다

3. 대속 복음 ― 64
    1) 대속물이 되신 예수님
    2) 대속의 모형: 구약의 제사
    3) 화목제물

4. 십자가 복음 — 70

    1) 내가 그리스도와 함께

    2) 십자가의 삶

5. 구원을 이루라 — 76

    1) 한번 구원은 영원한 구원인가?

    2) 계속해서 주 안에 머물러야 한다

    3) 구원을 이루어 가는 삶

6. 오직 복음 — 82

    1) 복음의 능력

    2) 예수의 복음

    3) 사람을 변화시키는 복음의 능력

제3장 영에 속한 사람

1. 끊을 수 없는 하나님의 사랑 — 88

    1) 영을 따르는 사람

    2) 은혜는 행위를 이끌어 준다

    3) 율법과 복음의 관계

2. 성령의 도우심 — 92

    1) 성령이 충만한 사람

    2) 성령님은 하나님의 자녀들을 인도하신다

    3) 아빠 아버지

3. 현재의 고난 — 96

    1) 고난과 영광

2) 인내와 소망

　　3) 합력하여 선을 이루시는 하나님

4. 넉넉히 이기는 믿음 ― 100

5. 완전한 승리 ― 104

6. 영을 따라 사는 삶 ― 108

　　1) 죄의 본성

　　2) 내 마음을 아시는 하나님

　　3) 영의 새로운 것으로

제4장 성도의 영적인 생활

1. 영성이란? ― 116

2. 성경과 영성 ― 117

3. 임재 체험 ― 119

4. 기도 생활 ― 121

5. 우울증의 치유 ― 123

6. 몸과 마음과 영성 ― 125

7. 기쁨과 영성 ― 127

8. 감사와 영성 ― 129

9. 일상의 행복과 영성 ― 131

　　1) 관계 영성

　　2) 사람을 세우는 영성

　　3) 소중한 일을 하라

제5장 그리스도인의 사명

1. 세상의 소금과 빛 — 138
    1) 세상과의 관계
    2) 오직 그리스도의 은혜로

2. 소망의 사람 — 141
    1) 정말 중요한 것
    2) 새로운 관점

3. 율법의 완성은 사랑이다 — 144
    1) 율법의 효력
    2) 사랑으로 완성되는 율법
    3) 주님의 은혜에 감사하는 생활

4. 아버지께서 갚으시리라 — 147

5. 염려하지 않는 이유 — 149
    1) 하나님께서 채워 주실 것을 믿기 때문
    2) 염려해도 소용이 없기 때문
    3) 삶의 우선순위가 분명해지는 순간, 염려는 물러간다

제6장 종의 마음으로

1. **선한 청지기** — 154
   1) 자기를 낮추는 겸손
   2) 자기 부인
   3) 청지기의 마음

2. **선으로 악을 이기라** — 159
   1) 억울할 때의 인내
   2) 다윗의 인내
   3) 하나님께서 갚으신다

3. **섬기는 자의 축복** — 163
   1) 섬기는 자는 주님과 함께한다
   2) 섬기는 자에게 하나님께서 보상하신다

4. **섬김의 중심은 사랑** — 167

5. **섬김의 목표** — 172
   1) 대속물로 오신 예수님
   2) 예수님을 본받아
   3) 은혜 입은 자의 삶

6. **세상과는 다른 방식** — 175

제1장

성도의 행복

1
믿어짐의 행복

1) '보편적 부르심'과 '유효한 부르심'

예수님이 십자가에서 돌아가신 것은 누구를 구원하기 위해서입니까? "하나님이 세상을 이처럼 사랑하사 독생자를 주셨으니, 이는 그를 믿는 자마다 멸망하지 않고 영생을 얻게 하려 하심이라."(요 3:16) 하나님께서는 모든 죄인을 아무런 구별 없이 부르셨습니다. 이것을 '보편적 부르심'이라고 합니다. 하나님께서는 보편적으로 누구든지 다 부르셨다는 것입니다. 그런데 놀라운 사실은 하나님께서 모든 사람을 부르셨는데도 이 복음의 부르심에 응답하는 사람이 너무나 적다는 사실입니다. "청함을 받은 자는 많되 택함을 입은 자는 적으니라."(마 22:14)

청함을 받은 많은 사람들 중에 여러분은 택함을 받은 자입니다. 많은 사람들이 복음을 듣고도 거절했지만, 이 책을 읽고 있는 여러분은 택함을 받았습니다. 이것을 교리적인 용어로는 〈유효한 부르심〉 또는 〈유효한 반응〉이라고 부릅니다. 하나님의 부르심이 우리에게 유효하게 적용되었다는 뜻입니다. 하나님께서는 온 백성들을 〈보편적 부르심〉으로 불렀지만, 그것이 〈유효한 부르심〉으로 적용되어서 구원에 이르게 되는 사람은 소수입니다. 이것이 성경의 가르침입니다.

예수님이 믿어진다는 것 자체가 실로 기적과도 같은 일입니다. 수많은 교회들이 골목마다 늘어서 있어도, 복음을 믿고 받아들이는 사람은 10~15% 정도에 지나지 않습니다. 복음은 온 세상에 울려 퍼졌는데, 많은 사람들은 여전히 복음에 관심이 없습니다. 사람들의 관심은 오로지 먹고사는 일과 놀고 즐기며 살아가는 일에 관심이 있을 뿐입니다. 여러분이 예수 그리스도께 관심을 가지고 주님의 말씀을 사모하면서 모여 예배하고 있다는 것 자체가 기적입니다. 성경 말씀을 읽으면서 그 사실이 믿어지고, 설교 말씀을 듣고 '아멘'이라고 화답하는 모습이 그저 놀랍습니다. 누군가는 성경을 믿고 싶어도 믿어지지 않는데, 여러분은 믿어지고, '아멘'이 되니, 이것이 곧 은혜입니다.

2) 부족함의 행복

우리는 스스로 예수 그리스도를 찾고 붙잡을 수 있는 존재들이 아닙니다. 뭔가 간절한 것이 있으니까 예수를 찾고 신앙을 붙들게 되는 것입니다. 우리 인생에 뭔가 부족한 것이 있고 뜻대로 되지 않는 것이 있을 때, 안타깝고 가슴이 아프기도 합니다. 하지만 그 부족한 것 때문에 예수님을 더 의지하게 되고 뜻대로 되지 않는 것 때문에 더 기도하게 되고 신앙이 돈독해졌다면, 실패도 단순한 낭패가 아니라 오히려 은혜요 축복일 수 있습니다.

하나님을 모르는 사람들은 평생 좀 더 큰 집에 살고, 좀 더 좋은 차를 타고 다니려고 아등바등합니다. 그렇게 세상 것들을 조금 더 가지려고 '조금만 더, 조금만 더' 하고 발버둥 치면서 끊임없이 앞으로 달려가 봐야, 결국 나중에 남는 것은 허무뿐입니다. 우리는 때로, 인생에서 어려운 상황을 경험하고 나서야 비로소 '나'라는 존재 안에 선한 것이 없음을 깨닫게 되고, 내 스스로의 힘만으로는 불가능한 존재라는 것을 알고, 그제야 하나님의 선하신 뜻을 구하기 시작합니다. 그것이 진정한 축복이고, 진짜 행복입니다.

많은 사람들이 세속적인 성공만을 위해서 치닫는 세상 속에서, 다른 목적과 다른 가치관을 가지고 살아간다는 것은 부르심에 합당한 반응입니다. 내가 원한다고 믿어지는 것도 아니고, 열심히 노력하면서 산다고 해서 반드시 구원이 임하는 것도 아닙니다. 내가 나 된 것은 오직 하나님의 은혜입니다. 사도 바울은 이렇게 고백합니다. "내가 나 된 것은 하나님의 은혜로 된 것이니 내게 주신 그의 은혜가 헛되지 아니하여 내가 모든 사도보다 더 많이 수고하였으나 내가 한 것이 아니요 오직 나와 함께 하신 하나님의 은혜로라."(고전 15:10)

하나님께서 나를 긍휼히 여기셨고, 성령께서 내 안에서 역사하셔서 은혜를 베풀어 주셨기 때문에 믿어지는 것입니다. 그것은 거역할 수 없는 불가항력적인 은혜입니다. 성도의 행복은 바로 여기에 있습니다. 우리는 하나님의 은혜를 입은 사람들이라는 사실입니다. 이 은혜가 얼마나 놀라운 것인지, 이 구원이 얼마나 값지고 존귀한 것인지를 아는 것이 신앙생활에서 행복을 찾아가는 첫 단추입니다. 여러분은 구원받은 기쁨을 소유하고 계십니까? 하나님의 〈보편적인 부르심〉에 대하여, 우리 안에 〈유효한 반응〉이 일어나서, 구원의 기쁨과 그리스도인의 진정한 행복을 소유한 인생이 되시기를 바랍니다.

2
성도에게 우연이란 없다

　이스라엘은 중요한 많은 일들을 제비 뽑아 결정했습니다. 성경에는 곳곳에 그런 사건들이 나옵니다. 여호수아 시절에 한 사람의 범죄 때문에 아이성에서 쓰라린 패배를 맛보았을 때, 하나님께서는 제비를 뽑게 하셔서, 아간이라는 범인을 찾아내게 하셨습니다. 가나안 정복을 마친 후에 기업을 나눌 때에도 제비를 뽑았습니다. 가룟 유다가 죽고 난 다음에, 열두 사도를 채우기 위해서 맛디아를 세울 때에도 제비를 뽑았습니다. 그렇지만, 지금 이 시대에는 그런 중요한 일을 정할 때, 제비를 뽑아 결정하지 않습니다. 왜냐하면 제비를 뽑는 일은 그냥 우연이라고 생각하기 때문입니다. 저는 제비 뽑는 것이 하나님의 뜻을 분별하는 방법이라고 여러분을 설득하는 것이 아닙니다.

　사람들이 인생을 살아가면서 '그냥 우연이었다' 또는 '운이 좋았다'고 말하지만, 우리는 하나님께서 허락하시지 않으면 참새 한 마리도 땅에 떨어질 수 없다는 사실을 믿어야 한다는 것입니다. 성도는 그 사실을 믿을 수 있습니다. 그래서 하나님의 사람들은 비록 지금 당장은 납득되지 않고 이해되지 않는 일이 있다 하더라도, 지금 겪고 있는 이 일들이 절대 우연이 아니고 그 배후에는 하나님의 뜻과 계획이 있다는 사실을 믿는 것입니다. 그러므로 일이 뜻대로 잘 안 풀리더라도 실망하지 마십시오. 그것도 하나님의 뜻과 계획 가운데에서 진행되고 있는 것입니다. 하나님의 시간표는 지금도 진행되고 있습니다. 하나님께서는 그분의 백성들을 보호하십니다. 전능하신 하나님께서는 어떤 실수도 없이 우리를 인도해 가고 계십니다. "노하기를 더디하는 자는 용사보다 낫고 자기의 마음을 다스리는 자는 성을 빼앗는 자보다 나으니라."(잠 16:32-33) 하나님께서는 세상과 사람을 창조하시기도 전에, 즉 창세전에 이미 일을 생각하셨고, 계획하셨고, 그 일을 이루어 가고 계십니다. 이것을 신학적인 용어로 〈작정(Decree)〉이라고 합니다. 온 우주 만물을 향한 하나님의 통치 계획을 '작정'이라고 한다면, 그중에서 인간을 향한 구원 계획을 한정 지어서 〈예정(Predestination)〉이라고 합니다. 우리는 하나님의 놀라운 구원 계획인 〈예정〉 안에 있습니다. 하나님의 분명하신 예정이 저와 여러분을 향하고 있습니다.

성도가 무엇 때문에 행복할까요? 우리는 원래 버림받아 마땅한 존재들이었습니다. 죄로 인해 하나님을 떠나 죽음과 멸망으로 빠질 수밖에 없는 사람들, 진노의 대상이었습니다. 그런데 하나님께서 다시 우리를 구원의 자리에 올려놓기로 예정하시고, 오래 참으시면서 나를 위한 구원의 계획을 이루어 가고 계신다는 사실 때문에 우리는 행복한 것입니다. 비록 세상에서는 실망과 실패를 경험하고, 인생의 중요한 문제 앞에서 잠을 이루지 못하고 고민하며 염려하면서 깊은 한숨을 내쉬기도 하지만, 이 한 가지만은 잊지 마십시오. 하나님께서 택하시고 지켜보고 계신다는 사실입니다. 하나님께서는 결코 나를 혼자 버려두지 않으시고, 그 고난과 실패의 구덩이 속에서도 놀라운 예정을 이끌어 가고 계십니다.

우리는 인생에서 잘못된 선택을 하고, 실패할 수도 있지만, 하나님의 계획에는 실수가 없습니다. 지금 우리는 인생의 퍼즐을 하나씩 맞춰 가고 있습니다. 우리 눈에는 전체 그림이 보이지 않고, 때로는 짝이 맞지 않는 것처럼 보일지 몰라도, 퍼즐을 맞춰 가시는 하나님께서는 모든 것을 명확히 다 알고 계십니다. 그러므로 우리의 모습이 비록 초라해 보일지 몰라도, 하나님의 계획 안에서, 결국 최고의 걸작품이 될 것입니다.

우리가 세운 계획은 혹 빗나갈 수도 있고, 우리의 희망도 덧없이 사라져 버릴 수도 있지만, 그럼에도 불구하고 우리가 여전히 하나님을 의지하는 까닭은, 하나님께서 우리가 나아가는 길을 누구보다 명확하게 잘 알고 계시기 때문입니다. 우리 인생을 향한 하나님의 예정과 계획이 있다는 사실을 아는 것, 그리고 그 하나님께서는 결코 실수가 없으신 전능하신 하나님이시라는 것을 믿는 것은 우리가 인생에서 누릴 수 있는 최고의 행복입니다. 하나님의 계획과 약속을 신뢰하십시오.

3
지금도 일하시는 하나님

1) 하나님의 작정과 예정

하나님께서는 온 우주를 다스리는 특별한 계획이 있으십니다. 그것이 '하나님의 작정(뜻)'입니다. 하나님께서 여러분을 위한 사랑의 작정(구원의 계획)을 하셨습니다. 그중에서도 특별히 인류를 구원하시기 위한 구체적인 계획도 가지고 계십니다. '예정'입니다. 예정이란 우리 인간의 선택권 없이 다 결정해 놓았다는 뜻이 아닙니다. 인간은 늘 선택을 합니다. 그 선택이 옳을 수도 있고 잘못된 것일 수도 있습니다. 다만 우리가 어떤 선택을 하든 하나님께서 인도하셔서 결국은 합력하여 선을 이루게 하신다는 사실입니다. 그것이 예정입니다. 잘못된 선택을 하면 그만큼 멀고 힘든 길을 돌고 돌아서 가게 되겠지만, 그러나 결국에는 반드시 합력해서 선을 이루게 하십니다. 그것이 예정입니다. 하나님께서는 반드시 그분의 계획을 이루어 가십니다. 인간들은 한 치 앞도 내다볼 수 없는 복잡한 인생살이 속에서 늘 불안해하고 염려하지만, 우리가 하나님의 〈작정과 예정〉 속에 있다는 사실이 큰 위로와 소망을 줍니다. 우리의 인생이 하나님의 작정과 예정 속에 있다는 사실을 깨닫는 순간, 성도는 평안을 누리게 됩니다. 그것이 바로 성도의 행복입니다. 성도에게 우연이란 없습니다. 하나님께서 주권적인 능력으로 움직여 가시는 것입니다.

2) 하나님의 섭리

우리가 '과학'이나 '상식'이라고 부르는 것은 하나님께서 정해 놓으신 일반적인 현상을 정리한 것을 말합니다. 우리가 살아가는 대부분은 과학적이고 상식적인 범주 안에서 움직입니다. 지금도 하나님께서 이 세상을 주관하고 계십니다. 지구가 365일에 딱 맞춰서 태양 주위를 한 바퀴 돕니다. 생태계의 모든 생물들도 먹이사슬을 유지하면서 살아갑니다. 만약 하나님께서 태양과 지구의 사이를 유지하지 않으시면 이 세상은 순식간에 불바다가 되거나, 얼음덩어리가 되어 버립니다. 하나님께서 생물들에게 먹을 것을 주지 않으시면 생명들은 곧 죽어 먼지로 변하게 됩니다. 이렇게 인간의 모든 역사는 우연으로 움직이는 것이 아닙니다. 하나님께서 모든 천지 만물을 향하여, 특별히 우리 인간들을 향한 뚜렷하고 분명한 계획을 가지고 인도해 가고 계신 것입니다. 온 우주 만물과 인생의 모든 것을 이끌어 가시는 하나님의 인도하심, 그것을 "섭리"라고 부릅니다. 하나님께서 그분의 자녀들, 우리 성도들의 삶을 인도해 가십니다. "무릇 높이는 일이 동쪽에서나 서쪽에서 말미암지 아니하며 남쪽에서도 말미암지 아니하고 오직 재판장이신 하나님이 이를 낮추시고 저를 높이시느니라."(시 75:6-7)

하나님께서는 섭리를 통해 우리의 성공과 실패를 이끌어 가십니다. 사람을 높이고 낮추는 이는 직장의 상사이거나, 관공서의 상급자가 아니라, 하나님이시라는 사실을 성도들은 알고 믿어야 합니다. 하나님의 주권과 섭리가 우리 인생을 다스리신다는 그 믿음이 우리 안에 들어오면, 그때부터 평강을 누리고, 천국과 같은 삶을 누리게 됩니다. 하나님께서는 쉬지도 졸지도 주무시지도 않고 우리의 인생을 지키시는 분입니다. "여호와께서 너를 실족하지 아니하게 하시며 너를 지키시는 이가 졸지 아니하시리로다 이스라엘을 지키시는 이는 졸지도 아니하시고 주무시지도 아니하시리로다."(시 121:3-4) 하나님께서는 지금도 일하고 계십니다. 우리의 눈앞에 있는 문제가 당장에는 해결될 기미가 보이지 않는다 하더라도 결코 실망하지 마십시오. 거기에도 하나님의 뜻과 계획이 있습니다. 하나님의 계획은 완전하십니다. "우리가 알거니와 하나님을 사랑하는 자 곧 그의 뜻대로 부르심을 입은 자들에게는 모든 것이 합력하여 선을 이루느니라."(롬 8:28)

4
결핍의 은혜

"어떻게 하면 행복하게 살아갈 수 있을까?" 하는 것은 모든 인간의 근본적인 소망입니다. 세상적인 관점에서 보면 부족할 것이 아무것도 없는 인생도, 자신의 존재 목적과 존재 이유를 발견하지 못하면, 참된 행복을 누릴 수 없습니다. 행복을 누리는 조건은 많이 가지는 것에 있지 않습니다. 노자가 이런 말을 했습니다. "적게 가지는 것은 소유다. 많이 가지는 것은 혼란이다." 맞는 말입니다. 엄청난 재산을 가진 재벌들 중에 괴로움과 괴로움을 견디지 못하고 자살한 사람들이 많다는 사실을 보면 알 수 있습니다.

하나님께서는 바다의 짐승들과 물의 생물들을 지으시고, 새를 창조하시고, 그들에게 복을 주셨습니다. 어떤 복을 주셨습니까? 새와 물고기에게 주신 복은 우리가 생각하는 부유함이나 명예가 아닙니다. "생육하고 번성하라." 이것이 생물들에게 주신 복입니다. 그러니까 물고기에게는 헤엄치며 사는 것이 복이고, 새가 받은 복은 창조 목적대로 하늘을 자유롭게 날아다니는 것입니다. 그렇다면 우리 인간에게 복은 무엇일까요? "하나님이 그들에게 복을 주시며 하나님이 그들에게 이르시되 생육하고 번성하여 땅에 충만하라, 땅을 정복하라, 바다의 물고기와 하늘의 새와 땅에 움직이는 모든 생물을 다스리라 하시니라."(창 1:28) 하나님의 형상을 입은 인간들이 누릴 복은 하나님의 뜻대로 땅에 충만하고, 모든 생물들과 자연환경을 잘 다스리고 정복하며 살아가는 것입니다.

그런데 인간은 하나님을 외면하여 거역하고, 자기 뜻대로 살기를 원했습니다. '선악을 알게 하는 나무'의 열매를 따 먹었다는 의미는 하나님을 벗어나서, 인간 스스로 자기 뜻대로 선악을 판단하면서, 자기 의지대로 살기로 작정했다는 뜻입니다. 인간의 불행은 여기에서부터 시작되는 것입니다. 인간들은 자꾸만 자기 뜻과 고집대로 살아가려고 합니다. 자기가 판단하고, 자기가 노력하면 행복을 획득할 수 있을 것이라고 착각합니다. 이것이 불행의 씨앗입니다.

저도 젊었을 때에는 어떤 일을 할 때, 노력하면 못 이룰 일이 없다고 생각했습니다. 그래서 끊임없이 자신을 채찍질하고, 최선을 다해서 열심히 사는 것이 미덕이라고 생각했습니다. 그런데 정말 그렇습니까? 세상 살아가면서 노력하면 무엇이든지 다 이룰 수 있습니까? 그렇지 않습니다. 세상에는 아무리 노력해도 내 뜻대로 되지 않는 일들이 훨씬 더 많습니다. '아, 인생이 내 힘과 노력만으로는 안 되는 일이 있구나, 내가 아무리 애써도 안 되는 일이 있구나.' 이 간단하고도 명확한 진리를 저는 나이 쉰이 넘어서야 깨달았습니다. 그리고 이 깨달음은 나에게 실망을 준 것이 아니라, 오히려 내가 얼마나 교만했었는지를 깨닫는 기회가 되었고, 오히려 참된 소망을 가지는 계기가 되었습니다.

복음이란 '예수를 믿으면 인생에서 불가능이 없어집니다.' 하는 것이 아니라, 오히려 그 반대입니다. '예수를 믿어서, 내가 불가능한 존재라는 것을 깨달았습니다.' 그것이 복음입니다. 하나님께서 우리에게 왜 좌절을 겪게 하시고, 실패를 경험하게 하시는지 아십니까? 우리로 하여금 자신의 어리석은 목적을 버리고, 하나님의 창조 목적에 맞는 삶을 추구하며 살아가게 하시려는 은혜입니다. 그러므로 이렇게 고백할 수 있는 사람이 진정으로 행복한 사람입니다. '내가 비록 가진 것도 많이 없고, 잘난 것도 없지만, 그래도 예수님 때문에 행복합니다.'

성도는 구원받은 자들입니다. 하늘 소망으로 살아가는 사람들입니다. 이 땅에서 모든 것을 다 누려야 한다고 생각하지 마십시오. 성도가 누리는 복은 그런 것이 아닙니다. 하나님께서 우리를 창조하셨던 목적대로 하나님을 의지하면서 오늘 하루를 살아가는 것, 그것이 성도가 누리는 가장 큰 복이요 가장 큰 기쁨입니다. 그분을 의지하는 것이 성도의 진짜 복입니다. 세상 가치만을 따라다니지 마십시오. 세상일이 뜻대로 되지 않고 실패를 경험했다고 해서 세상을 다 잃어버린 것처럼 걱정하지 마십시오. "생각하건대 현재의 고난은 장차 우리에게 나타날 영광과 비교할 수 없도다."(롬 8:18)

5
새로운 시작

1) 구원을 잃어버리지 말라

"한번 받은 구원을 잃을 수도 있습니까?" 성경에는 그리스도인을 향한 '구원을 잃어버리지 말라'는 경고가 여러 번 나옵니다. '구원을 잃어버리지 말라'는 경고가 있다는 것은 분명히 구원을 잃어버릴 수도 있다는 뜻입니다. 이 말이 좀 이상합니까? 장로교회에서는 한번 받은 구원은 취소될 수 없다고 배웠는데(성도의 견인 교리), 구원을 잃어버릴 수도 있다고 하니까, 혹시 이상한 가르침이 아닌가? 그렇게 생각되십니까? 아닙니다. 장로교 교리는 구원의 확실성을 좀 더 강조하려는 의미가 있는 데 반해, 감리교 침례교 성결교 순복음 등 수많은 건전한 교단들의 교리에는 인간의 반응을 강조하면서 구원을 잃어버릴 수도 있는 가능성을 포함하고 있습니다. 오히려 반대로 한번 구원을 받고 나면 어떻게 살든지 상관없이 구원에 이른다고 주장하는 '구원파'가 이단입니다. 그렇다고 장로교 교리가 잘못된 것도 아닙니다. 상반되는 두 가지 내용이 각자 다 나름의 의미가 있는데, 서로 강조하는 부분이 다른 것뿐입니다.

2) 구원의 과정

　예수를 믿기만 하면 구원이 임하는 것이 맞습니다. 그런데 구원은 그 한 번으로 완성되는 것이 아니라, '구원의 과정'이 시작되는 것입니다. 많은 이들은 '구원'을 일회적인 확증이라고만 생각합니다만, 바로 거기에서 신앙생활에 대한 많은 오해가 시작됩니다. 구원의 단 한 번의 고백으로 끝나는 것이 아닙니다. 구원의 시작은 하나님의 일방적인 은혜였지만, 구원의 은혜가 임하고 난 다음에, 그 은혜에 계속해서 의지하려는 노력이 필요합니다. 〈구원〉은 한 번으로 끝나는 사건이 아니라, 일련의 과정입니다. 예수 믿고 구원이 임하고 나면, 그것이 완성이 아니라, 시작입니다. "그러므로 나의 사랑하는 자들아 … 항상 복종하여 두렵고 떨림으로 너희 구원을 이루라."(빌 2:12) 하고 말씀합니다. 예수를 믿고 신앙생활, 교회 생활하는 교인들에게 "구원을 이루라."라고 말했습니다. 예수 믿고 구원받은 우리는 구원의 결승점을 통과한 것이 아니라, 구원의 출발점을 지난 것입니다. 우리는 은혜로 임하신 그 구원을 완성해 가고 있는 중입니다. 어떻게 완성해 갑니까? 어떻게 구원을 이루라고 했습니까? 〈①항상 복종하여, ②두렵고 떨리는 마음으로, 그리고 ③모든 일을 원망과 시비가 없이 하라.〉 바로 이것입니다. 복종하기를 거부하다가 구원을 잃어버리고 멸망당하는 것입니다. 두렵고 떨리는 마음을 잃어버리고, 자기 마음대로 하다가 멸망당하는 것입니다. 원망하고 시비하고 하다가 멸망당하는 것입니다. 저는 세상에서 제일 안타까운 것이 예수 믿는다고 교회 생활은 열심히 하면서도, 복종하지 않고, 두려워 떨지 않고, 원망하고 시비하다가 멸망당하는 사람들입니다. 오늘날 한국교회 안에 그런 일들이 얼마나 많은지 모릅니다. 부지기수입니다. 우리는 계속해서 주님 안에 머물도록 최선을 다해서 매일, 매 순간 노력해야 합니다. 그러나 분명히 알아야 할 것은 그 노력은 '선행' 등의 율법적 노력을 말하는 것이 아닙니다.

3) 건강한 두려움

구원의 시작은 분명히 하나님의 전적인 은혜에 의한 것입니다. 우리가 믿음으로 그 은혜에 의하여 구원을 얻었습니다(엡 2:8). 그러면 구원받은 자로서의 삶은 어떠해야 합니까? 그냥 아무렇게나 살아도 됩니까? 절대로 아닙니다. 우리는 구원받은 자답게 살아야 합니다. 구원받은 자답게 살아간다는 것은 착한 일을 많이 하는 윤리적인 노력을 하라는 의미가 아닙니다. 예수 그리스도를 바라보면서 하나님을 의지하는 삶을 살아가라는 뜻입니다. 예수 그리스도를 바라보면서 하나님의 사랑 안에 거하도록 자기를 지키면, 하나님께서 원하시는 선한 열매가 맺히게 되어 있습니다.

그렇지 않고 예수를 믿는다고 말은 하면서도, 그냥 아무렇게나 살면서 불순종하고 원망하고 시비하면, 하나님의 무서운 심판을 면하지 못할 것입니다. 우리는 좀 더 두려워해야 합니다. "내가 내 몸을 쳐 복종하게 함은 내가 남에게 전파한 후에 자신이 도리어 버림을 당할까 두려워함이로다."(고전 9:27) 이러한 두려움은 건강한 두려움입니다. 우리는 하나님의 심판을 두려워해야 합니다. 우리에게 그런 두려움이 필요합니다. 오늘날의 교회와 성도들은 바로 그런 두려움, 즉 주님을 향한 경외감을 잊어버리고 사는 경우가 너무 많습니다.

하나님께서 우리 안에 소원을 두고 행하게 하십니다. 우리는 두렵고 떨리는 마음으로 그 소원을 이루어 가야 합니다. 이 땅에서 우리의 생명이 있는 동안, 더욱더 주님을 의지하고 주님을 사모하는 소원과 사명을 가지고 주님께 붙어 있는 삶을 살아야 합니다. 전능하신 하나님께서 행하고 계심을 깨닫고, 두려운 마음과 떨림을 가지고 그분 앞에서 살아가야 합니다. 그것이 구원을 이루어 가는 과정입니다. 계속해서 주님을 바라보고, 주님을 의지하며 살아가야 합니다. 두렵고 떨림으로 구원을 이루어 가십시오. 살아 있는 동안 우리의 책임은 하나님과 계속 함께하면서 복종의 삶을 사는 것입니다. 살아 있는 동안 우리의 신앙의 자세는 전능하신 하나님을 계속해서 신뢰하면서, 두렵고 떨리는 마음으로 살아가는 것입니다. 살아 있는 동안 우리의 사명은 원망과 시비가 없도록 끝까지 인내하는 것입니다.

6
주인이 바뀌었다

앞에서 '구원'이 무엇인지에 대해 말했습니다. 구원이란, 예수 믿고 새사람이 되어서 거룩함을 향해 가는 새로운 인생을 살아가는 것이며 그것은 저 영원한 천국에서 완성될 것입니다. 천국과 천당은 다릅니다. 천당은 죽어서 들어가는 어떤 장소를 말하는 불교적인 개념입니다. 반면에 천국은 하나님께서 다스리시는 나라, 하나님의 주권이 작용하는 곳을 말합니다. 그러므로 우리는 저 영원한 천국을 향해 나아가지만, 동시에 지금도 그 천국을 살고 있는 것입니다. 예수님을 믿으면, 천국의 삶이 시작됩니다.

요한복음 3장에서 니고데모가 예수님을 찾아와서 믿음을 고백했을 때, 예수님은 이렇게 말씀하셨습니다. "진실로 진실로 네게 이르노니 사람이 거듭나지 아니하면 하나님의 나라를 볼 수 없느니라."(요 3:3) 거듭나야 한다고 하셨습니다. 즉 다시 태어나야 한다는 것입니다. 이것을 교리적인 용어로 '중생'이라고 합니다. 그러나 니고데모가 다시 묻습니다. "사람이 늙으면 어떻게 날 수 있사옵나이까? 두 번째 모태에 들어갔다가 날 수 있사옵나이까?"(요 3:4) 이 질문에 대한 예수님의 대답은 이렇습니다. "진실로 진실로 네게 이르노니 사람이 물과 성령으로 나지 아니하면 하나님의 나라에 들어갈 수 없느니라."(요 3:5)

사람이 거듭나는 것, 즉 중생은 오직 물과 성령으로만 되는 것입니다. 성령을 받아서 거듭나게 되는 것입니다. 그리고 물로 세례를 받음으로써, 거듭났음을 선언합니다. 물로 세례를 받는다는 것은 공동체의 일원이 되어서 믿음을 생활로 드러내며 살아간다는 의미입니다. 성령이 임하시면, 우리는 새롭게 태어나게 되고, 삼위일체 하나님을 주인으로 모신 천국의 삶을 시작하게 됩니다. "너희는 너희가 하나님의 성전인 것과 하나님의 성령이 너희 안에 계시는 것을 알지 못하느냐."(고전 3:16) 하나님의 영이 우리 안에 계신다고? 정말? 고린도전서 3장 16절 말씀을 정말 깨달았다면, 그 순간 우리는 정말 깜짝 놀랍니다. 전능하신 하나님께서 내 안에 계십니다. 믿어지십니까? 천지의 창조주이시고 전능하신 하나님께서 내 안에 나와 함께 계신다는 것입니다(이런 말을 하도 많이 들어서, 이제는 놀라지도 않으십니다). "천지의 창조주이시고 전능하신 하나님의 영이 내 안에 계십니다. 할렐루야." 이 성경 말씀을 정말 우리가 깨닫고 마음으로 믿었다면, 우리의 행동과 마음가짐은 분명히 달라질 수밖에 없습니다. 이제는 내가 주인이 아닙니다. 주님이 우리 삶의 진정한 주인이 되시는 그런 삶을 살아야 합니다.

"너희는 이 세대를 본받지 말고 오직 마음을 새롭게 함으로 변화를 받아 하나님의 선하시고 기뻐하시고 온전하신 뜻이 무엇인지 분별하도록 하라."(롬 12:2) 우리는 이제 주님을 주인으로 삼은 사람들입니다. 더 이상 세상 것이 우리의 주인이 되어서는 안 됩니다. 더욱이 세상 재물이 우리의 주인이 되어서 삶을 주도하게 해서는 안 됩니다. "이 일을 할 자금이 있는가?"가 아니라, "주님께서 이 일을 하기를 원하시는가? 하지 않기를 원하시는가?" 이것을 물어야 합니다. 만일 하라고 하신다면 우리는 "예"라고 먼저 대답하고, 그다음에 기도해야 합니다. "주님, 이 일을 하기 위한 재정을 공급하여 주시옵소서." 주님이 하라고 명령하신 일에는 반드시 감당할 수 있는 재정도 보내 주십니다. 이제는 무슨 일을 하든지, 내가 판단하지 않습니다. 나의 이해관계와 나의 입장이나 이익을 따지지 않고, 주님 명령하시면 무조건 "예" 하고 순종합니다. 주님이 나의 주인이시기 때문입니다.

주님을 주인으로 모시고 믿음으로 산다는 것은 '순종'과 '신뢰'의 두 기둥을 붙드는 것입니다. 즉 내가 할 수 있는 일에 대해서는 최선을 다해 '순종'하고, 내가 할 수 없는 일에 대해서는 하나님께서 하실 것이라고 하나님을 '신뢰'하는 것입니다. 때로는 하나님의 응답이 늦어지기도 하겠지만, 응답의 시기를 늦추신 것은 약속을 거절하셨다는 것이 아닙니다. 하나님께서는 우리를 단련하신 후에 정금같이 나오게 하는 분이십니다(욥 23:10). 우리의 힘으로 승리하는 것은 불가능합니다. 이제 하나님께서 내 삶의 주인이십니다. 하나님께서 하십니다. 하나님께서 나의 삶의 주인이 되신다는 이 진리를 깨닫고 우리는 겸손히 이렇게 주님 앞에 고백해야 합니다. "주님, 우리에게는 그 어떤 선한 것도 없습니다. 오직 주님의 은혜로만 가능하다는 사실을 믿습니다. 오직 주님만이 약속하신 것을 권능으로 이루시는 분이십니다." 우리가 이런 믿음의 고백을 드린다면, 주님은 우리에게 승리하는 삶에 필요한 모든 것을 공급해 주십니다. 모든 일이 끝난 후에, 우리는 "주님께서 하셨습니다!"라고 고백하게 될 것입니다.

7
오늘보다 나은 내일

1) 행복하십니까?

성도들에게 "예수를 믿어 행복하십니까?"라고 물으면, 대답은 "아멘"이라고 하는데, 막상 살아가는 모습을 보면, 행복을 느끼지 못하는 경우가 적지 않습니다. 오히려 여러 가지 어려움과 근심에 눌려서, 심한 경우에는 우울증에 시달리기도 합니다. 예수 믿기 전과 후가 확실하게 달라지고, 안 믿는 사람들에게 뚜렷한 축복을 보여 줄 수 있다면, "그래, 나도 예수 한번 믿어 보자." 하고 쉽게 전도가 될 텐데, 세상 사람들이 기대하는 복을 보여 줄 수가 없으니까 전도가 참 어려울 때가 많습니다. 예수 믿으면 병이 고쳐지고, 자녀들도 잘되고, 세상에서 받지 못했던 인정과 칭찬도 받고, 삶의 모든 문제들이 술술 풀리면 좋은데, 그게 반드시 그렇지만은 않다는 것입니다.

고린도후서 6장에서 바울은 이렇게 고백합니다. "내가 하나님의 일꾼이 되어서, 많은 어려움을 견디고, 환난과 궁핍과 고난과 매 맞음과 갇힘과 난동과 수고로움과 자지 못함과 먹지 못함을 당하였습니다." (고후 6:4-5) 아니, 그렇게 잘나가던 사람이 예수 믿어서 이렇게 고생길을 가고 있다면, 예수를 왜 믿어야 할까요? 우리는 예수 믿으면 복을 받는다고 배웠습니다. 물론 맞는 말입니다. 그러나 성도가 누리는 복은 세상 사람들이 바라는 복과는 다른 것입니다. 성경은 이렇게 말씀합니다. "근심하는 자 같으나 항상 기뻐하고 가난한 자 같으나 많은 사람을 부요하게 하고 아무 것도 없는 자 같으나 모든 것을 가진 자로다."(고후 6:10) 예수 믿는 우리가 받는 복은 세상 사람들이 생각하는 것들과는 좀 다른 것입니다.

2) 거룩함의 보화

 복음은 세상의 보물들을 얻는 것이 아닙니다. 오히려 반대로, 밭에 묻혀 있는 보화를 발견한 사람은 어떻게 한다고 했습니까? 자기가 가진 모든 귀한 것들을 다 '팔아서' 그 밭을 샀습니다. 복음은 보화를 발견한 사람이 기쁨에 겨워서 자기가 가진 모든 소유를 다 팔아서 그 밭을 사는 것입니다. 여러분은 보화를 발견하셨습니까? 남들은 보지 못했던 밭에 감추어진 보화를 발견하셨습니까? 그 보화가 무엇입니까? 예수님 안에 있는 기쁨, 예수님이 주시는 행복, 예수님으로 인해 얻는 평안, 여러분이 가진 세상 물질과 세상 보물들을 다 팔아서 예수님 안에 있는 기쁨과 행복과 평안을 사실 준비가 되셨습니까? 이 말이 예수 믿는 사람은 부자가 되지 못한다는 뜻은 물론 아닙니다. 실제로 예수 믿고 세상적으로도 복을 받아서 하나님의 인도하심으로 사업이 잘되는 경우가 훨씬 더 많습니다. 그러나 성도는 세상 것이 전부가 아니라는 것을 알고, 세상 것에 끌려다니지 않아야 한다는 뜻입니다. 성도는 세상 것보다 먼저 추구하는 것이 있습니다. 그것은 '거룩함'입니다. 성도는 세상이 말하는 복을 따라 살아가지 않고, '거룩하게' 되기를 사모하면서, 날마다 거룩의 자리로 나아갑니다. 날마다 점점 더 거룩하게 되어 가는 삶, 그것을 교리적인 용어로 "성화"라고 부릅니다. "여러분, 우리 모두는 성화되어야 합니다." 하는 말을 들으면 어떻습니까? 좀 부담스럽습니까? 그래도 우리는 반드시 거룩함을 추구하는 삶을 살아가야 합니다. 그게 정상입니다. 예수를 믿게 되면 반드시 성화의 삶, 날마다 조금씩이라도 더 거룩하게 되는 삶을 살아가야 하겠다는 마음이 생깁니다.

만약 예수를 믿었다고 고백은 하는데, 진리에 대한 사모함이나 거룩함에 대한 마음이 전혀 없다면, 그 사람은 사실은 예수를 믿는 사람이 아닐 확률이 매우 높습니다. "항상 복종하여 두렵고 떨림으로 너희 구원을 이루라. 너희 안에서 행하시는 이는 하나님이시니 자기의 기쁘신 뜻을 위하여 너희에게 소원을 두고 행하게 하시나니."(빌 2:12-13) 우리는 두렵고 떨리는 마음으로 우리에게 열어 주신 구원의 과정을 거룩함으로 완성해 가야 합니다. 우리는 못나고 죄악에 빠져 있고 완전하지 못하지만, 그런 것은 하나님께서 다 용서해 주십니다. 그러나 최소한 날마다 조금씩이라도 더 나아져 가는 삶을 살아야 합니다. 어제보다는 좀 더 거룩하고 정결한 삶을 살아야 합니다. 오늘보다는 내일이 좀 더 거룩하고 정결한 모습이 되겠다는 결심이 있어야 합니다. 이런 결심을 하나님께서 이끌고 인도해 주십니다.

3) 성화의 삶

거듭남(중생)의 은혜가 허락된 성도에게는 반드시 성화의 삶이 뒤따라옵니다. 구원의 강물은 웅덩이에 고여 있을 수 없습니다. 우리 신앙이 단지 죄 사함 받은 것에서 멈춰 있다면 그것은 복음이 아닙니다. 가짜 복음입니다. '대속의 복음', 즉 나의 죄를 사해 주신 복음은 나의 옛사람이 십자가에 달려 죽고 예수님이 내 삶의 주인이 되시는 '십자가 복음'으로 나아가야 합니다. "내가 그리스도와 함께 십자가에 못 박혔나니 그런즉 이제는 내가 사는 것이 아니요 오직 내 안에 그리스도께서 사시는 것이라."(갈 2:20) 여기까지 끊임없이 나아가야 진짜 복음입니다. 하나님께서 구원받은 우리를 이끌고 가시는데, 영화롭게 하신 자리까지 이끌고 가기를 원하십니다. "또 미리 정하신 그들을 또한 부르시고 부르신 그들을 또한 의롭다 하시고 의롭다 하신 그들을 또한 영화롭게 하셨느니라."(롬 8:30) 하나님께서 우리를 정하셨고, 부르셨고, 의롭다 하셨습니다. 이제 우리를 영화로운 자리에까지 인도해 가시기를 원하십니다. 우리는 거룩하게 만들어져 가는 과정 중에 있습니다.

지금까지 배운 교리적인 용어를 사용해서 표현하면 이렇습니다. 하나님께서는 우리를 향한 놀라운 '작정' 가운데에서 우리를 '예정'하셨고, '섭리'로 인도하셔서 '구원'받게 하셔서, '중생하게(거듭나게)' 하셨습니다. 그리고 오늘도 '성화'의 은혜로 우리의 삶을 인도해 가고 계십니다. 이 길은 쉬운 길이 아닙니다. 그러나 분명한 사실은 우리는 이미 이겨 놓은 싸움을 하고 있다는 것입니다. 우리에게는 밝은 미래만 남아 있습니다. 예수 믿어서 더 불행해지는 일은 없습니다. 예수 믿는 우리는 날마다 더 거룩해질 것입니다. 우리는 오늘도 내일도 거룩함을 향해서 달려가야 합니다. 힘을 내십시오. 결승점이 멀지 않았습니다. 영광스러운 주님을 뵈올 날이 머지않았습니다.

8
아는 것의 힘

처음 교회 문턱을 넘을 때에는 대부분 가족이나 친척이나 친구의 권유로 교회에 나옵니다. 또는 인생의 문제가 잘 풀리지 않고, 힘든 일이 많아서 괴로워서 교회를 찾아오는 경우도 많습니다. 그렇게 처음 교회 문턱을 넘은 분들이 1년, 2년 계속해서 교회를 다니는 가운데, 조금씩 말씀이 깨달아지고, 신앙이 들어가고, 그렇게 해서 예수님을 구세주로 영접하게 됩니다. 교회를 꾸준히 다니면서 예배에 빠지지만 않아도, 어느 정도 시간이 지나면 이것이 깨달아지고, 예수님을 구세주로 고백하게 됩니다. 그것이 은혜입니다. 특별히 신앙생활을 하면서, '내 힘과 노력만으로는 안 되는 것이로구나.' 하고 느끼면서, 기도를 더 많이 하게 되고, 그러는 중에 성령의 체험도 하게 되고, 예수님을 깊이 받아들여서, 구세주라고 고백하게 되는 것입니다.

문제는 그다음입니다. 우리가 예수님을 믿었으면, 이제 예수님에 대해서 배우고 알아야 됩니다. 하나님께서 기뻐하시는 삶을 살겠다고 작정했으면, 하나님께서 무엇을 기뻐하시는지 알아야 합니다. 하나님께서 원하시는 삶을 살아가려면, 반드시 하나님을 아는 지식을 배워야 합니다. "내 백성이 지식이 없으므로 망하는도다."(호 4:6) 하나님을 아는 지식이 없으면 망합니다. 하나님께서는 우리가 하나님의 마음을 알아 가기를 원하십니다. 하나님의 말씀을 배우고 알게 되면, 전에는 몰랐던 놀라운 평안과 축복과 은혜가 있습니다.

예수님을 구주로 믿고 천국 백성이 되었으면, 이제 하나님을 더 깊이 알아 가야 합니다. 그것이 신앙생활의 기쁨입니다. 성경이 가르쳐 주시는 신앙, 그것을 기억하기 쉽게 딱 세 가지로만 요약하자면 이렇습니다. ①첫째로는 '자유'입니다(롬 8:1-2). ②둘째로는 '평강'입니다(눅 24:36, 요 20:19-26). 이 두 가지는 '성도가 이 세상을 어떻게 살아가야 하는지'에 대한 것입니다. ③세 번째로는 '영화'입니다. 우리가 이 세상에서의 인생을 끝내고 하나님께서 부르시면, 그다음에는 영원한 천국에 들어가게 되는데, 예수님을 믿는 성도의 삶은 이 세상에서 고생고생하다가 죽으면 그걸로 끝나는 것이 아니라, 그때부터 또 다른 새로운 삶, 영원한 생명이 시작된다는 것입니다. 이것은 우리가 경험할 수도 이해할 수도 없는 일입니다. 이것은 오직 말씀을 통해서만 배울 수 있습니다. 우리는 영원한 삶에 대한 믿음을 분명하게 배우고 알아야 합니다.

성경은 이렇게 가르쳐 줍니다. "보라 내가 너희에게 비밀을 말하노니 우리가 다 잠 잘 것이 아니요 마지막 나팔에 순식간에 홀연히 다 변화되리니. 나팔 소리가 나매 죽은 자들이 썩지 아니할 것으로 다시 살아나고 우리도 변화되리라."(고전 15:51-52) 아주 중요한 비밀을 하나 알려 주겠는데, 명심하라고 하십니다. 우리가 이 세상에서 육체의 죽음을 맞이한 후에는 썩지 않는 새 몸을 갈아입고 다시 살아나서 하나님과 함께 좋은 곳에 있게 된다는 사실입니다. 이 사실을 믿으면, 바로 오늘 우리의 삶의 모습이 달라지게 됩니다. 좋은 일이 있을 때, 하나님께 영광을 돌리고, 어려운 일을 만나더라도 그 고난을 통해 신앙이 더 깊어집니다. "우리가 환난 중에도 즐거워하나니 이는 환난은 인내를, 인내는 연단을, 연단은 소망을 이루는 줄 앎이로다."(롬 5:3-4) 이 믿음이 성도에게 참된 행복을 줍니다. 우리는 세상 것만을 따라 살아가지 않습니다. 이제는 더 이상 세상의 썩을 양식만을 위해 일하지 않고, 영생하도록 있는 양식을 추구하면서 비전과 사명을 따라 살아갑니다(요 6:27). "그러므로 내 사랑하는 형제들아 견실하며 흔들리지 말고 항상 주의 일에 더욱 힘쓰는 자들이 되라 이는 너희 수고가 주 안에서 헛되지 않은 줄 앎이라."(고전 15:58)

9
당신의 진짜 가능성

1) 우리는 그가 만드신 바라

"우리는 그가 만드신 바라."(엡 2:10) 이 말씀을 표준새번역에서는 "우리는 하나님의 작품입니다."라고 번역했습니다. 하나님의 걸작품이 바로 인간입니다. 하나님께서 계획하시고 선하신 뜻에 따라 인간을 창조하신 것입니다. "하나님이 지으신 그 모든 것을 보시니 보시기에 심히 좋았더라."(창 1:31) 인간은 자연히, 우연히 존재하게 된 것이 아닙니다. 모든 사람은 하나님의 목적에 따라 창조되었습니다. 하나님께서 인간을 창조하셨기 때문에 인간은 분명한 목적을 갖고 존재합니다. 인생의 참된 의미를 깨닫지 못하는 사람들은 방황합니다. 태어나서 즐길 수 있는 데까지 즐기다가 죽으면 끝나는 인생이라고 생각하는 것은 어리석은 생각입니다. "하나님이 자기 형상 곧 하나님의 형상대로 사람을 창조하시되 남자와 여자를 창조하시고. 하나님이 그들에게 복을 주시며 그들에게 이르시되 생육하고 번성하여 땅에 충만하라, 땅을 정복하라, 바다의 물고기와 하늘의 새와 땅에 움직이는 모든 생물을 다스리라 하시니라."(창 1:27-28) 이것이 사람의 자격이고 권리입니다. 이사야서에서는 더욱 놀라운 선언을 하십니다. "내 이름으로 불려지는 모든 자 곧 내가 내 영광을 위하여 창조한 자를 오게 하라 그를 내가 지었고 그를 내가 만들었느니라."(사 43:7) 하나님께서 여러분 한 분 한 분을 지으셨습니다. 여러분은 하나님의 작품입니다. 하나님께서 우리를 얼마나 귀하고 소중하게 여기셨는가 하면, 죄를 짓고 하나님을 떠났는데도 변함없이 우리를 사랑하셔서 예수 그리스도의 생명을 대신 내어주기까지 희생하시면서 마침내 우리를 회복시키십니다.

2) 하나님의 선한 일

하나님께서 여러분 안에서 선한 일을 시작하셨습니다. "너희 안에서 착한 일을 시작하신 이가 그리스도 예수의 날까지 이루실 줄을 우리는 확신하노라."(빌 1:6) 우리에게 주어진 착한 일이란 구체적으로 무엇을 말할까요? 그리스도 안에서도 선한 일이란 다양합니다. 구체적으로 말한다면 한이 없을 것입니다. 그러나 포괄적으로 말해서, 선한 일이란 하나님을 추구하는 일입니다.

어떤 청년이 예수님께 찾아와 "선생님이여 내가 무슨 선한 일을 하여야 영생을 얻으리이까."(마 19:16)라고 질문하였습니다. 그때 예수님께서 "어찌하여 선한 일을 내게 묻느냐 선한 이는 오직 한 분이시니라."(마 19:17)라고 대답하셨습니다. 그러므로 선한 일이란 하나님과의 관계를 새롭게 맺고 하나님을 추구하면서 살아가는 일입니다. '나의 해방일지'라는 드라마에서 '사랑한다'라는 말 대신 '추앙한다'라는 단어를 사용해서 많은 관심을 모은 적이 있습니다. 하나님을 추앙하십시오. 하나님을 추앙한다는 것은 하나님을 의지하고 하나님을 붙들고 하나님을 구하고 하나님을 바라고 하나님의 영광을 위해서 살아가는 것을 말합니다. 하나님을 추앙하는 인생에 진정한 행복이 있습니다. 하나님께서 이와 같은 선한 일을 위해서 우리를 거듭나게 하셨습니다. 그리스도인들은 하나님을 추앙하며 살도록 지으심을 받은 사람들입니다. 하나님을 추앙하는 사람들에게는 반드시 성령님께서 함께하신다고 약속하셨습니다. 우리가 연약할 때에도 성령님은 함께하셔서 도와주십니다. "이와 같이 성령도 우리의 연약함을 도우시나니 우리는 마땅히 기도할 바를 알지 못하나 오직 성령이 말할 수 없는 탄식으로 우리를 위하여 친히 간구하시느니라. 마음을 살피시는 이가 성령의 생각을 아시나니 이는 성령이 하나님의 뜻대로 성도를 위하여 간구하심이니라. 우리가 알거니와 하나님을 사랑하는 자 곧 그의 뜻대로 부르심을 입은 자들에게는 모든 것이 합력하여 선을 이루느니라."(롬 8:26-28)

3) 성령님과 동행하는 인생

예수님께서 이 땅에서 사역하시는 동안 성령으로 충만하셨습니다(눅 4:1). 예수님께서는 가는 곳마다 성령의 인도를 받으셨습니다(눅 4:14). 성령의 능력으로 기적을 행하셨습니다(마 12:28). 예수님께서 인간의 몸을 입고 이 땅에서 살아가시는 동안 함께하신 성령님께서 여러분과도 함께하십니다. 예수님이 승천하신 후에 성령님은 사도들에게 기적을 행하게 하셨습니다(고후 2:12, 행 2:43, 3:1-7, 9:39-41). 성령님의 능력은 초대 교회의 모든 믿는 자들에게 나타났으며, 성령님은 방언, 예언, 가르치는 은사, 지혜의 말씀과 같은 영적 은사를 그들에게 나누어 주셨습니다. 예수 그리스도를 믿는 모든 사람에게는 성령님께서 즉시 그리고 영원히 함께하겠다고 약속하셨습니다(롬 8:11). 성령님은 여전히 믿는 자들을 통해 하나님의 뜻을 이루고자 역사하십니다. 성령님은 능력으로 우리를 인도하시고, 확신을 주시고, 가르치시며, 우리가 하나님의 일을 하고 복음을 전파할 수 있도록 우리를 준비시키십니다. 성령님의 강력한 내주하심은 우리가 결코 가볍게 여겨서는 안 될 놀라운 선물입니다. 그것이 우리의 진짜 가능성입니다.

10
구원의 길

1) 구원에 대한 오해

〈구원〉이란 '천국에 가기로 약속되는 것'을 말합니다. 하나님께서는 우리에게 천국에 대한 약속을 주셨고, 지금 그 약속을 이끌어 가고 계십니다. 지금 우리에게 주어진 구원은 〈약속〉입니다. 그러면 그 약속이 완성되는 것은 언제입니까? 실제로 천국에 들어갈 때입니다. 그러니까, 구원이라고 하는 것은 약속을 받았을 때부터 천국에 들어갈 때까지의 모든 과정을 말하는 것입니다. 그러면 그 구원은 지금 이루어졌습니까? 안 이루어졌습니까? 아직 이루어진 것은 아니지만, 하나님께서 주신 약속이니까, 워낙에 확실하고 분명한 것이기 때문에 이루어진 것이나 마찬가지입니다. 그것이 〈구원〉입니다. 그러니 구원은 이미 이루어진 것인 동시에, 아직 완성이 안 된 것입니다. 그러면 구원은 어떻게 얻습니까? 구원에 대한 근거로 가장 많이 사용되는 것이 로마서 10장 10절 말씀입니다. "사람이 마음으로 믿어 의에 이르고 입으로 시인하여 구원에 이르느니라."(롬 10:10) 이 말씀을 토대로 '입으로 시인하기만 하면' 구원을 얻는다고 하는 주장들이 한국교회에 많이 퍼져 있습니다. 정말로 구원이 그렇게 입으로 시인하기만 하면 되고, 그 이후로는 다시는 취소가 없이 영원토록 천국이 보장되는 것입니까? 성경은 그렇게 가르치지 않았습니다. 구원과 중생의 놀라운 역사가 그렇게 말 한마디로 다 해결되는 것이 아닙니다. "입으로 시인하여" 바로 그 앞에 "사람이 마음으로 믿어 의에 이르고"라는 말씀이 있습니다. 즉, 마음으로 깊이 받아들여서 완전히 새롭게 되어야 한다는 것을 강조한 말씀입니다. '입으로 시인'한다는 것은, 마음으로 믿어 의롭게 된 것을 속으로 품고만 있지 말고, 표현하고 드러내어야 구원에 이를 수 있다는 뜻입니다.

'입으로 시인'한다는 것은 말로만 하면 된다는 뜻이 아니라, 오히려 반대로 '드러나게 믿어야 한다', '믿음을 삶으로 증거해야 한다' 그런 의미입니다. 초대교회 당시에는 공개적으로 드러내어 입으로 예수를 시인한다는 것은 온갖 박해와 천대를 각오해야만 하는 일이었습니다. "네가 만일 네 입으로 예수를 주로 시인하며 또 하나님께서 그를 죽은 자 가운데서 살리신 것을 네 마음에 믿으면 구원을 받으리라." (롬 10:9) 이 말씀을 이해하기 쉽도록 좀 풀어서 표현하자면, 이런 것입니다. "예수를 믿는 것을 사람들에게 당당하게 말하고, 또 하나님께서 그를 죽은 자 가운데서 살리신 것을 마음 깊이 믿고, 지속적으로 부활하신 예수님을 바라보는 삶을 살면 구원을 받으리라." 입으로 시인하고 고백한다는 것은 '말 한마디면 만사 오케이'라는 그런 가벼운 의미가 아닙니다.

2) 그리스도를 영접함

복음이 기쁜 소식인 것은 우리가 아무것도 안 해도 구원받기 때문이 아닙니다. 복음이 기쁜 소식인 것은 전에는 멸망 길밖에 없던 우리에게 구원에 참여할 수 있는 길이 열렸기 때문입니다. 전에는 사탄에게 사로잡혀서 죄의 종으로 지옥에 떨어질 운명밖에 없던 우리에게 하나님의 영광에 동참할 수 있는 기회가 주어졌기 때문에 복음인 것입니다. "빛이 어둠에 비치되 어둠이 깨닫지 못하더라."(요 1:5) 아무리 문이 활짝 열렸어도 그리로 안 들어가면 어떻게 되겠습니까? 아무것도 안 하고 그대로 어두움에 머물러 있으면 어떻게 되겠습니까? "(그가) 자기 땅에 오매 자기 백성이 영접하지 아니하였으나."(요 1:11) 그리스도를 '영접'해야 합니다. 그렇지 않으면 아무것도 아닙니다. "영접하는 자 그 이름을 믿는 자들에게는 하나님의 자녀가 되는 권세를 주셨으니."(요 1:12) 이 말씀이 어떻게 들립니까? 영접하기만 하면 된다고 하니까 아주 쉬운 일처럼 들립니까? '영접'한다는 것은 모셔 들인다는 뜻입니다. 영접의 모습을 가장 잘 나타내 보여 주는 것이 요한계시록 3장 20절의 말씀입니다. "누구든지 내 음성을 듣고 문을 열면 내가 그에게로 들어가 그와 더불어 먹고 그는 나와 더불어 먹으리라."(계 3:20) 이것이 영접입니다. 예수님이 이 말씀을 언제 하신 것인지 기억이 나십니까? 요한계시록에 나오는 일곱 교회 중에서 라오디게아 교회에 주신 말씀입니다. "내가 네 행위를 아노니 네가 차지도 아니하고 뜨겁지도 아니하도다. 네가 차든지 뜨겁든지 하기를 원하노라. 네가 이같이 미지근하여 뜨겁지도 아니하고 차지도 아니하니 내

입에서 너를 토하여 버리리라."(계 3:15-16) '그렇게 미지근하게 신앙생활하면 망한다. 버림받는다. 그러니 정신 차리고 회개해라. 네 인생의 문을 활짝 열고 예수님을 제대로 영접해라. 예수님과 더불어 먹고 마시는 삶을 회복해라.' 그런 말씀입니다. 그것이 〈영접〉의 뜻입니다.

그렇게 주님을 영접하여 주님과 함께 동거하며 살아가야 하나님의 자녀가 되는 권세를 얻는 것입니다. 완전히 다시 태어나야 하는 것입니다. 즉 중생해야 됩니다. 그래야 하나님의 자녀가 되는 권세를 얻습니다. 중생은 영적인 새 창조입니다. 이것도 저것도 아닌 미지근한 삶을 버리고, 내가 주님 안에 주님이 내 안에 살게 되는 것이 중생입니다. 나의 옛사람은 그리스도와 함께 십자가에 못 박혀 죽고, 이제는 내가 사는 것이 아니라, 내 안에 예수 그리스도께서 내 인생의 주인이 되어 살기 시작하는 것이 중생입니다. 그렇게 새로운 마음으로 변화되고 나면, 하나님의 임재를 사모하게 됩니다. 하나님처럼 거룩해지기를 갈망하게 됩니다. 예수 그리스도처럼 섬기며 살기를 기뻐하게 됩니다. 날마다 성령 안에서 감사와 평안을 누리게 됩니다. 물론 그리스도인의 삶이라고 해서 완전할 수는 없지만, 그러나 분명한 것은 구원의 능력과 하나님의 생명이 임하면, 날마다 회개하며, 날마다 변화되어 가는 삶을 살아가게 됩니다. 생명이 있는 육신이 날마다 성장해 가는 것처럼 말입니다.

11
바라봄의 법칙

그리스도인도 죄를 짓습니까? 그리스도인도 나쁘고 어리석은 행위를 합니까? 그리스도인도 거룩하지 못한 세상적인 삶을 사는 삶을 살 때가 있습니까? 그렇습니다. 그렇게 그리스도인들도 이 세상에 사는 동안 실수는 할 수 있지만, 그러나 계속해서 그렇게 육적인 상태, 죄악의 상태를 지속한다면, 그 사람은 틀림없이 구원받은 사람이 아닙니다. 구원받은 그리스도인이 1년, 10년 계속 거룩하지 못한 모습으로 살아가는 것은 절대로 불가능합니다. 참된 그리스도인들은 날마다 상한 심령으로 자기의 모습을 돌아보고, 죄를 고백하며 하나님과 동행합니다. 죄를 지으면, 자복하고 회개하며 다시는 같은 죄를 저지르지 않도록 마음을 깨뜨리며 하나님께 돌아갑니다. 그래야 정상적인 그리스도인, 구원받은 그리스도인입니다. 매번 회개하면서도 돌아서면 또 똑같은 죄를 반복하고, 또 반복하는 사람이라면, 그 사람은 진정으로 구원받지 못했을 가능성이 매우 큽니다. "내가 구원을 받았는지 어떻게 알 수 있을까요?" 하고 묻는다면, 그 답은 의외로 간단합니다. 계속해서 반복적으로 하나님 앞에서 진심으로 예배를 드리고 있고, 또 그 삶이 계속해서 변화되고 있다면, 그 사람은 틀림없이 구원을 받은 것입니다. 여기에서 진심이란, 영적인 의미로, '하나님 감각'입니다. 하나님을 느끼고 하나님을 사모하는 마음, 하나님을 접촉

하는 영성입니다('영'은 하나님을 접촉하는 감각). 교회 모임에 참석은 하지만, 진정한 예배에는 관심이 없고, 몸만 와서 앉아서 졸다가가 버리는 일을 반복하는 분도 있습니다. 변화될 마음이 전혀 없다면 그 사람에게는 구원이 없습니다.

　구원은 지식적으로 정답만 암송하면 되는 것이 아닙니다. 그리스도를 믿기로 결심했다면, 그리스도가 주인이 되셔야 합니다. 그래야 하나님의 백성이 됩니다. 나는 죽고 내 속에 그리스도가 살아야 합니다. "내가 그리스도와 함께 십자가에 못 박혔나니 그런즉 이제는 내가 사는 것이 아니요 오직 내 안에 그리스도께서 사시는 것이라 이제 내가 육체 가운데 사는 것은 나를 사랑하사 나를 위하여 자기 자신을 버리신 하나님의 아들을 믿는 믿음 안에서 사는 것이라."(갈 2:20) 믿음을 고백하고 구원을 받았다고 하지만 그 후에 시간이 지나면서도, 삶이 변화되지 않고 성장하지 않는다면 그 구원은 가짜이거나 착각일 확률이 매우 높습니다. 십자가의 복음은 결코 싸구려가 아닙니다. 적당히 살아도 되는 것이 아닙니다. 그렇게 남을 미워하고 시기하고 험담하고 불평불만 속에서 살면서도 문제없이 천국에 갈 수 있을까요? 그럴 수 없습니다. 복음은 그렇게 싸구려가 아닙니다. 그렇다고 우리가 예수를 믿겠다고 감성적으로 결심하고 고백한 경험이 전혀 의미가 없는 것은 아닙니다. 구원의 문은 그렇게 열리는 것입니다. 마음의 감동을 받고 눈물을 흘리면서 구원의 문이 열립니다. 그러나 그것은 단지 문이 열린 것일 뿐, 완전한 구원이 이루어진 것이 아닙니다. 그 문으로 들어가서 진짜로 신앙의 생활이 시작되어야 합니다. 그리고 계속해서 그 길로, 예수 그리스도를 다시 만날 때까지 지속적으로 성화의 길을 가야 합니다.

　진짜 복음에 깨어 있으십시오. 진짜 복음, 진짜 구원, 진짜 성화는 우리가 계속적으로 그리스도를 바라봄으로써 이루어지는 것입니다. 그래서 복음은 〈은혜〉인 것입니다. 계속해서 회개하고 계속해서 그리스도께로 돌아오십시오. 진정으로 구원받았다면, 구원의 완성을 향해 점진적이지만 계속해서 거룩한 삶으로 나아가는 삶의 증거가 나타나야 정상입니다. 회심의 증거는 입으로만 고백하면 되는 것이 아닙니다. 변화된 삶에 있는 것입니다. 예수님을 바라보면서 점점 변해 가는 신앙의 법칙, 그것이 〈바라봄의 법칙〉입니다. 우리는 자꾸만 예수님을 바라보지 않고, 자기 자신을 바라보면서 자신의 힘을 의지하려고 합니다. 그래서 실패를 합니다. 예수님을 바라보아야 합니다. 예수님을 바라보며 예수님을 묵상할 때, 그 힘과 능력과 생명력을 공급받을 수 있습니다.

　〈바라봄의 법칙〉입니다. 십자가를 바라보고 예수님을 바라보는 믿음은, 처음 예수를 믿을 때 한 번 바라보고 끝내 버려서는 안 됩니다. 우리가 예수를 믿고 신앙생활하는 내내, 계속해서 그 십자가를, 나를 위해 고통을 당하시고, 내 죗값을 대신 치르신 그 예수를, 계속해서 바라보아야 합니다. 그것이 신앙생활이고 그것이 거룩해지는 성화의 길입니다. 율법을 지켜서 구원받고 성도가 되는 것이 아닙니다. 온전하고 거룩한 삶을 사모하면서, 계속해서 예수님의 십자가를 바라봄으로써, 변화된 심령에 합당한 삶으로 점점 가까워지는 삶을 살아야 하는 것입니다.

12
은혜의 원리

 신앙 성숙의 과정, 성화(거룩해짐)의 과정에는 크게 세 가지 단계가 있습니다. 하나님의 긍휼하심을 입고 값없이 용서함을 받아 성도가 되고 나면, 첫째 모습은 뭔가 결단을 하고 그리스도인답게 착하게 열심히 살려고 스스로 노력하는 것입니다. 그것이 가장 낮은 단계로 나타나는 제1단계, 가장 초급 과정입니다. 이 초급 과정의 문제점은 스스로 자기가 노력한다는 것입니다. 그래서는 결국 또 넘어지고, 또 실패할 수밖에 없습니다. 두 번째 단계는 죄와 사망의 법에서 값없이 용서함을 받았다, 죄의 문제는 완전히 다 해결되었다 하면서 어떤 거리낌도 없이 자유롭게 살아가는 것입니다. 그것이 제2단계, 중급 과정입니다. 이 단계의 문제는 그리스도 안의 자유를 누리는 것은 좋지만, 그것밖에 없습니다. 뜨거운 사명감도 없고, 발전도 없고, 더 나아지는 것도 없고 늘 그 모습 그대로입니다. 그래서 자주 습관적이고 형식적인 신앙에 빠지기도 하고, 신앙생활의 권태로움을 느끼기도 합니다. 마지막 제3단계, 고급 과정은 〈은혜〉가 어떤 것인지를 깨닫고 은혜 아래에 머무는 단계입니다. 많은 분들이 '은혜(grace)'가 무엇인지 잘 모르고 오해하고 있습니다. 공로 없이, 거저 얻는 것이기 때문에 은혜라고 생각합니다. 공로 없이 거저 얻는 것은 은혜라기보다는 긍휼(mercy)입니다. 은혜는 긍휼과는 다릅니다. 이것을 구분할 줄 알아야 합니다.

나를 위하여 고난받으신 주님은 나에게 용서를 베푸셨습니다. 죄로 죽어야 할 나 대신에 주님이 대신 십자가에 죽으심으로 그 모든 저주를 다 막아 주셨습니다. 그것이 긍휼(자비하심, mercy)입니다. 물론 '은혜(grace)'라는 말에는 '우리의 공로 없이 그저 얻는 것'이란 뜻도 포함하지만, 그보다 더 중요한 것은 은혜에는 〈죄를 극복하게 하는 능력〉이 있다는 것입니다. 오늘날 우리는, '은혜'의 일부분만 이해하고 핵심 부분을 놓치고 있습니다. 히브리서 4장 16절에 보면 긍휼이라는 말과 은혜라는 말이 다 나옵니다. "그러므로 우리는 긍휼하심을 받고 때를 따라 돕는 은혜를 얻기 위하여 은혜의 보좌 앞에 담대히 나아갈 것이니라."(히 4:16) 긍휼하심은 멸망하여 지옥에 갈 수밖에 없었던 우리의 죄를 용서받는 것입니다. 그것이 긍휼(mercy)입니다. 그런데 은혜는 "때를 따라 돕는 은혜"입니다. '때를 따라 돕는 은혜(grace)'란, 죄의 유혹을 받을 때, 그것을 극복할 수 있도록 힘을 주시고 도와주시는 것을 말합니다. 은혜는 우리가 살아가는 가운데에, 때를 따라, 우리가 죄를 극복할 수 있도록 도와주시는 것입니다. 우리가 은혜 아래 있을 때, 죄가 우리를 다스리지 못합니다. "죄가 너희를 주장하지 못하리니 이는 너희가 법 아래에 있지 아니하고 은혜 아래에 있음이라."(롬 6:14) 그러므로 은혜에는 '유혹과 죄를 극복하는 힘'이 있습니다.

성도는, 자기 결심으로 어떤 율법을 억지로 지켜서 거룩해지는 것이 아닙니다. 하나님의 은혜 아래 머물러야 거룩해집니다. 그것이 거룩의 방법입니다. 은혜 아래에 머무는 것은 날마다 십자가를 묵상하면서, 은혜의 보좌 앞으로 힘써 나아가는 것입니다. 그래서 내 사명을 충실히 감당하게 하는 능력입니다. 〈바라봄의 법칙〉이 은혜요, 거룩의 방법입니다. 우리는 예수님을 바라보아야 합니다. "믿음의 주요 또 온전하게 하시는 이인 예수를 바라보자 그는 그 앞에 있는 기쁨을 위하여 십자가를 참으사 부끄러움을 개의치 아니하시더니 하나님 보좌 우편에 앉으셨느니라."(히 12:2)

주님을 바라볼 때, 고난받으시는 주님만 바라볼 것이 아니라, 하나님 보좌 우편에 앉으신 영광의 주님을 바라보라고 했습니다. 이것은 간단해 보이지만, 실로 놀라운 원리입니다. 저는 이것을 〈은혜의 원리〉라고 이름을 붙였습니다. 소망을 품고 영광의 주님을 바라보는 것입니다. 예수님이 주시는 새 생명, 예수님이 새 언약 아래에서 성령을 통해 주시는 은혜의 매력이 얼마나 큰지를 깨달아 알아야 합니다. 은혜의 매력이 죄의 매력보다 더 강력할 때, 우리는 죄의 유혹을 얼마든지 이길 수 있습니다. 우리 자신의 힘으로는 결코 이길 수 없습니다. 오직 은혜 안에 머물 때만 이길 수 있습니다. '주여, 은혜 아래 머물게 하옵소서. 제가 지금 넘어지려 합니다. 주님의 십자가로, 은혜의 보좌 앞으로, 제가 지금 나아가게 하옵소서.' 그때 우리는 놀라게 될 것입니다. '내가 어떻게 그것을 이겨 낼 수 있었지?' 그것은 우리 자신의 힘이 아닙니다. 하나님의 은혜가, 생명과 성령의 힘이, 우리를 강하게 사로잡았기 때문입니다. 은혜는 성도를 붙들어 주시는 힘입니다. 그 영광스러운 주의 보좌를 바라보면서 "믿음의 주요 또 온전하게 하시는 이인 예수를 바라보는 것"입니다. 그것이 은혜입니다. 이런 승리들을 반복하면서 우리는 주님 앞에 서는 그날까지 거룩한 그리스도인의 삶을 살아가게 될 것입니다.

제2장

복음의 내용

1
하나님과 화평을 누리자

　로마서 5~8장은 복음의 내용이 무엇인지, 복음으로 살아가는 삶이 어떤 것인지를 명확하게 밝혀 줍니다. 5장 1절에서 이렇게 선포합니다. "그러므로 우리가 믿음으로 의롭다 하심을 받았으니 우리 주 예수 그리스도로 말미암아 하나님과 화평을 누리자."(롬 5:1) 지금까지는 우리들이 용서받을 수 없는 죄인이었는데, 이제 우리가 예수님으로 인해 죄가 없어지고 의롭다 함을 받았기 때문에, 하나님과의 관계가 화평의 관계로 변화되었다는 것입니다. 그렇다면 '하나님과의 화평'을 누리는 것이 어떤 것이겠습니까?

　에덴동산의 아담과 하와를 살펴보면 잘 이해할 수 있습니다. 말씀을 어기기 전에 아담과 하와는 하나님과 같이 잘 지내던 사이였습니다. 전혀 문제가 없었습니다. 그런데 아담과 하와가 죄를 범하게 되자 그들의 태도가 바뀌었습니다. 하나님께서 변하신 것이 아니라 먼저 그들이 하나님을 대하는 반응이 달라져 버립니다. 하나님께서 그들에게로 오셨는데, 이전 같으면 반갑게 뛰어갔을 텐데, 이제 나무 뒤로 바위 뒤로 숨어 버립니다. 그리고 하나님께서 아담을 부를 때에 마지못해 나와서 이런 말을 합니다. "내가 동산에서 하나님의 음성을 듣고 내가 벗었으므로 두려워하여 숨었나이다."(창 3:10) 그전에는 기쁜 마음으로 들었던 하나님 음성을 이제는 두려운 마음으로 듣고 있습니다. 왜 그렇습니까? 자신의 마음속에서 평안이 깨어져 버렸기 때문에 그렇습니다. 선악과 사건 이후에 아담과 하와가 하나님을 두려워하며 숨은 것은, 하나님과의 화평이 깨져 버렸기 때문입니다.

그런데 하나님께서 그 아들 예수님의 피로 화평을 다시 회복시키십니다. "그러므로 우리가 믿음으로 의롭다 하심을 받았으니 우리 주 예수 그리스도로 말미암아 하나님과 화평을 누리자."(롬 5:1) 예수 그리스도로 인해 하나님과의 화평이 회복되었기 때문에 우리는 기쁜 마음으로 하나님 앞에 담대하게 설 수가 있게 되었습니다. 이것이 바로 화평입니다. 화평은 우리 인생을 복되게 합니다. 화평의 마음이 없으면 우리 인생은 괴롭습니다. 밤낮 남을 헐뜯으면서 살면 결국은 자기가 제일 괴롭습니다. "모든 화평한 자의 미래는 평안이로다."(시 37:37) 전에는 하나님과 원수였던 우리가 이제는 하나님의 자녀가 되었고 하나님과 화평을 누리게 되었습니다. 하나님께서 주신 화평이 있으면 사람들 간에도 서로 화평합니다.

"또한 그로 말미암아 우리가 믿음으로 서 있는 이 은혜에 들어감을 얻었으며 하나님의 영광을 바라고 즐거워하느니라."(롬 5:2) '은혜에 들어감을 얻었으며' 이 말을 개역개정 성경에는 그냥 '은혜'라고 번역을 했지만, 새번역 성경에는 '은혜의 자리'라고 장소 개념으로 번역해 놓았습니다. 누군가가 우리를 안내해서 은혜의 자리로 인도하신다는 말입니다. 우리는 성령의 안내를 받아서 은혜의 자리에 앉게 됩니다. 지금 여러분이 앉아 계신 그 자리가 바로 '은혜의 지정 좌석'입니다. 일등석 정도가 아니라 특등석 자리에 앉아서 이 인생 여행을 하는 것입니다. 내가 있는 그곳이 바로 은혜의 자리가 됩니다. 복음은 나중에 죽어서 천국 가는 것만이 아닙니다. 나중 일은 나중 일이고, 지금 여러분이 있는 바로 그 자리가 천국이 되는 것입니다. 그것이 복음입니다. 멀고 먼 나그넷길, 여행길 같은 이 믿음의 여행에 우리가 앉아 갈 자리는 바로 은혜의 자리입니다. 은혜의 자리에 앉아서 인생의 여행, 믿음의 여행을 하는 겁니다. 그러면 구체적으로 어떤 은혜를 받겠습니까?

1) 의롭다 하심을 받는 은혜(화평)

맨 먼저 받은 은혜는 바로 의롭다 하심을 받는 은혜입니다. "우리가 믿음으로 의롭다 하심을 받았으니"(롬 5:1) 지은 죄를 생각하자면 우리는 마땅히 죄인으로 하나님 앞에 서서, 죄에 합당한 형벌을 받아야 하는데, 그런데 '하나님의 은혜'로 의롭다 함을 받고 화평을 누리게 된 것입니다. 그러니 그 은혜의 자리에 앉는 우리는 이제 죄인으로서가 아니라 의인으로서 당당히 앉을 수 있습니다. 주님이 그 자릿값, 우리의 죗값을 이미 다 지불하셨기 때문입니다. 지금까지 앉았던 자리가 가시방석이라면 이제는 은혜의 자리에 앉게 되었습니다. 화평은 내 인생에 주신 천국입니다.

2) 계속되는 은혜(은혜)

은혜의 자리에 앉았다는 것은 그 자리에 앉아도 될 만한 시간, 즉 때가 되었기에 우리가 앉은 것입니다. 그것을 고린도후서에서 이렇게 말하고 있습니다. "보라 지금은 은혜 받을만한 때요 보라 지금은 구원의 날이로다."(고후 6:2) 하나님께서 우리에게 은혜받을 때가 된 것을 아시고 우리를 은혜의 자리로 안내해 주신 것입니다. 그 은혜의 자리에서 우리는 무엇을 합니까? 말 그대로, 은혜의 자리는 은혜로 앉는 자리이고, 또 계속해서 은혜를 받는 자리입니다. 우리는 은혜를 받으면 됩니다. 우리는 그 은혜의 자리에 앉아서 이제 하나님의 놀라우신 역사를 기대할 수 있습니다. "여호와께서 이같이 이르시되 은혜의 때에 내가 네게 응답하였고 구원의 날에 내가 너를 도왔도다 내가 장차 너를 보호하여 너를 백성의 언약으로 삼으며."(사 49:8) 하나님께서 은혜의 때에 우리의 기도를 들어 응답하시겠다고 약속하신 그 약속을 꼭 붙잡으시기 바랍니다. 하나님의 말씀은 이루어집니다. 하나님께서는 말씀하신 것을 반드시 지키시는 분이요, 이루시는 분입니다. 하나님께서 백성의 언약으로 삼으셨습니다. 은혜는 화평으로 인한 위로와 감동의 삶입니다.

3) 바라고 즐거워함(소망)

은혜의 자리에 앉아 있는 우리들의 마음이 어떠해야 되겠습니까? 여행은 피곤하지만 즐겁습니다. 여행지에서 보게 될 새롭고 흥미로운 것들을 기대하며 설레는 마음으로 비행기를 탑니다. 그러니 비행기를 타고 가면서, 혹시 좀 불편함이 있고 힘들어도 그런 것쯤은 여행지에서 누리게 될 즐거움에 비하면 별거 아닙니다. 힘들어도 설레고, 피곤해도 기대가 되고, 즐거운 마음이 가득합니다. 마찬가지입니다. 복음의 여행을 하면서 은혜의 자리에 앉아 있는 우리도 하나님께서 보여 주실 능력과 영광을 생각하면서, 미리부터 막 설레고 기대가 되고, 즐거워집니다. 그런 소망을 품고 살아야 합니다. '인생 뭐 별거 있나, 이렇게 저렇게 살다가 죽는 거지.' 그러면 안 됩니다. 우리의 인생에는 별거 있습니다. 하나님의 영광을 바라고 즐거워하며, 소망 가운데 살아가야 합니다. 믿음으로 사는 사람에게 반드시 있어야 할 마음이 있는데, 하나님의 영광을 바라는 마음, 즉 하나님을 기대하고, 하나님을 즐거워하는 마음입니다.

우리가 지금은 이 세상에 발을 딛고 살고 있지만, 우리의 마음속에는 하나님의 영광을 소망하는 마음이 있습니다. 그래서 하나님을 모르는 세상 사람들은 알 수 없는 놀라운 즐거움과 놀라운 평안이 있는 것입니다. 우리는 그렇게 하나님 나라의 무궁한 영광을 바라보며 신앙의 여행을 하는 것입니다. 화평을 누리고 장차 보게 될 천국을 즐거워하면서, 또 비행기 타면 기대되는 것이 하나 더 있지요. 기내식도 나옵니다. 공짜입니다. 나올 때가 되면, 굳이 달라고 안 해도 척척 가져다줍니다. 하나님의 제공하시는 성령의 축복이 때가 되면 알아서 척척 주십니다. 이 축복을 누리면서 복된 믿음의 여행이 되시기를 바랍니다. 소망은 화평과 은혜 가운데 모든 것을 바라고 즐거워하며 살아가는 삶입니다.

2
천국 복음

복음은 '기쁜 소식(Good News)'입니다. 예수 그리스도께서 우리에게 오셨습니다. 이것이 인생의 가장 기쁜 소식입니다. 예수 그리스도의 이름이 우리 인생에 기쁨이 되시며, 그 이름으로 영적으로 새로워지고, 그 이름으로 삶이 새로워집니다. 〈복음의 내용〉은 다음과 같은 세 가지 차원으로 이루어집니다. ①천국 복음, ②대속 복음, ③십자가 복음. 이 세 가지 차원이 우리에게 한꺼번에 일어납니다. 먼저 '천국 복음'입니다.

1) 하나님의 나라

천국 복음은 예수님께서 직접 가르치신 복음의 내용입니다. '천국'이라는 말은 오로지 마태복음에만 37번 나옵니다. '하늘나라($\beta\alpha\sigma\iota\lambda\epsilon\iota\alpha\ \tau\omega\nu\ o\upsilon\rho\alpha\nu\omega\nu$, 하늘의 왕국)'라는 뜻입니다. "예수께서 비로소 전파하여 이르시되 회개하라 천국이 가까이 왔느니라 하시더라."(마 4:17) "예수께서 온 갈릴리에 두루 다니사 그들의 회당에서 가르치시며 천국 복음을 전파하시며 백성 중의 모든 병과 모든 약한 것을 고치시니."(마 4:23) 성경의 다른 곳에는 '천국'이라는 표현 대신 '하나님 나라($\beta\alpha\sigma\iota\lambda\epsilon\iota\alpha\ \tau o\upsilon\ \theta\epsilon o\upsilon$)'라는 다른 표현으로 나옵니다. '천국'

이라는 표현은 성경 전체에서 오직 마태복음에만 나옵니다.[1] 마태복음이 유대인들을 생각하면서, 유대인들이 읽을 것을 염두에 두고 써졌기 때문입니다. 유대인들은 하나님께서 다스리시는 나라가 저 멀리 하늘에 있다고 생각했습니다.

그러나 예수님은 천국이 어떤 장소가 아니라, 하나님이 다스리시는 통치권이라고 가르치셨습니다. 그래서 때로는 이 땅에 임하여 오시는 것이요, 때로는 들어가는 것이라고도 하신 것입니다.

'천국'이라는 표현이나 '하나님의 나라'라는 표현은 사실은 같은 의미이지만, 마태복음은 유대인들의 전통적인 개념과 표현 방법에 따라 〈하늘에 있는 나라〉, 〈하늘의 왕국〉이라는 의미를 가진 용어를 사용한 것입니다. 그런데 성경의 다른 모든 곳에서는 그 천국이 공간적으로 저 멀리 높이 있는 하늘에 있는 것이 아니라, 지금 이 땅에 하나님께서 임하시면 그곳이 곧 천국이 된다는 것을 이해하기 쉽도록, '하나님께서 계신 곳이 곧 하늘이고, 하나님께서 다스리시는 곳이 곧 천국입니다'라는 의미를 담아서 〈하나님 나라〉라고 표현하였습니다. '하나님의 나라'라는 말은 신약성경에 67번 나옵니다. 그러니까 마태복음의 〈천국〉이라는 말과 〈하나님 나라〉라는 말을 합하면 100번이 넘게 나옵니다. 예수님의 가르침의 핵심이 바로 이 하나님의 나라, 천국이었습니다. 이것을 저는 천국 복음(하나님 나라 복음)이라고 부릅니다.

마가복음은 첫 시작이 이렇습니다. "하나님의 아들 예수 그리스도의 복음의 시작이라."(막 1:1) 그리고 마가복음 1장 14절에는 이렇습니다. "예수께서 갈릴리에 오셔서 하나님의 복음을 전파하여. 이르시

---

1) 마태복음 외에는 '천국'이라는 표현이 딤후 4:18에 딱 한 번 나옵니다. "주께서 나를 모든 악한 일에서 건져내시고 또 그의 천국에 들어가도록 구원하시리니."

되 때가 찼고 하나님의 나라가 가까이 왔으니 회개하고 복음을 믿으라 하시더라."(막 1:14-15) 천국 복음이 임하면 어떤 일이 일어나겠습니까? 하나님과 영적으로 교통하며, 연결이 되어서 내가 있는 그곳이 하나님의 나라가 되고, 언제나 하나님께서 나와 함께하십니다. 즉 천국을 살게 됩니다. 그것이 바로 복음의 생활입니다. 그렇다면 복음의 생활은 실제로 어떻게 나타납니까? 어떻게 하는 것입니까?

2) 화평과 은혜와 소망의 복음

복음서가 기록될 당시는 영적으로 굉장히 어두웠던 시대였습니다. 오로지 예수를 믿는다는 이유만으로 모든 재산과 집과 가족들을 다 잃고, 무덤 속에서, 시신들이 있는 곳에서 그곳에서 매일매일 박해와 위험 속에서 생활하고 살아가면서, 이 끔찍한 핍박 속에서 성도들은 복음을 통해 위로를 받았습니다. 성도들이 모일 때 복음서를 읽으며 위로를 받았고 복음을 통해 용기를 얻었습니다. "하나님의 아들 예수 그리스도의 기쁜 소식이 시작되었습니다. 할렐루야. 예수 그리스도는 우리의 기쁨이 되십니다. 예수 그리스도의 이름을 붙들면 어떤 어려운 상황 속에서도 참 기쁨이 샘솟기 시작합니다." 이것이 천국 복음입니다. 천국 복음은 우리의 삶에서 화평, 은혜, 소망으로 나타납니다.[2] 어떤 어려움과 박해와 환란 속에서도 천국 복음을 소유하면, 하나님과 화평을 누릴 수가 있고, 내가 있는 바로 이 자리가 은혜의 자리가 됩니다. 그리고 하나님께서 약속하신 것을 바라고 즐거워합니

---

2) 앞 장에서는 복음의 생활, 즉 〈복음을 사는 3가지 단계〉를 말씀했습니다. 화평을 누리자(하나님과의 관계), 은혜의 자리(하나님의 은총), 소망(바라고 즐거워하는 것).

다. 이것이 천국 복음입니다. 즉 천국 복음은 내 삶에 하나님의 나라가 임하여 〈화평, 은혜, 소망〉이 이루어지는 것입니다.

3) '종교'보다 '복음'이 먼저이다

　때가 찼고 하나님의 나라가 가까이 왔다. 회개하고 복음을 믿으면, 하나님과 함께하는 천국의 생활이 시작된다(막 1:14). 하나님의 나라가 임하면 화평이 시작되고 은혜가 시작되고 소망이 시작된다(롬 5:1-2). 이것이 천국 복음입니다. 천국은 지금 이 땅에서 시작되어, 영원까지 이어지는 것입니다. 로마서 7장에는 이런 고백이 나옵니다. "우리 주 예수 그리스도로 말미암아 하나님께 감사하리로다. 그런즉 내 마음으로는 하나님의 법을 육신으로는 죄의 법을 섬기노라."(롬 7:25) 예수 그리스도로 말미암아, 아직도 죄인인 우리의 이 모습 이대로를 하나님께서 받아 주셨다는 것입니다. 내가 비록 부족해도 하나님께서는 내 마음을 알아주시고, 우리가 비록 나의 부족하고 못나고 죄악 중에 있다 할지라도 하나님께서는 우리를 통하여 일하시고, 우리의 기도를 들어 응답해 주십니다. 우리의 육신으로는 죄의 법을 벗어나지 못했는데도 예수 그리스도 덕분에 하나님께서 우리의 마음을 알아주시고 함께해 주신다 하는 뜻입니다. 이제 우리의 모습이 어떠하든지 간에 하나님께서 우리 편, 내 편이라는 사실을 믿음으로 고백하시기 바랍니다. 하나님께서 여러분과 함께하십니다. 이것을 믿고 확신하는 것이 〈천국 복음〉입니다.

천국 복음은 나와 함께하시는 하나님께 모든 것을 다 맡기고, 오직 화평을 누리는 것입니다. 천국 복음은 지금 이 순간에도 나와 함께하시는 하나님만 의지하고, 은혜의 자리에서 편히 쉬는 것입니다. 천국 복음은 하나님께서 다 인도하시고, 다 이루어 주실 줄 믿고, 하나님의 약속 안에서 소망을 누리는 것입니다. 로마서 8장에서는 천국 복음을 사는 사람을 〈영을 따라 행하는 사람〉이라고 했고, 천국 복음을 살지 못하고 자신의 힘으로 뭔가를 해 보려고 계속 애쓰는 사람을 〈육신을 따라 행하는 사람〉이라고 표현했습니다. "육신을 따르는 자는 육신의 일을, 영을 따르는 자는 영의 일을 생각하나니. 육신의 생각은 사망이요 영의 생각은 생명과 평안이니라. 육신의 생각은 하나님과 원수가 되나니 이는 하나님의 법에 굴복하지 아니할 뿐 아니라 할 수도 없음이라. 육신에 있는 자들은 하나님을 기쁘시게 할 수 없느니라." (롬 8:5-8) 내가 뭔가를 할 수 있다고 믿고, 내가 해 보려고 끝까지 고집하는 사람은 결국은 실패와 멸망으로 떨어질 수밖에 없습니다. 육신의 생각을 따라서 인간 자신이 뭔가를 해 보려고 애쓰는 것은 '종교'입니다. 그러나 하나님께서 원하시는 것은 종교가 아니라, '복음'입니다. 이제 천국 복음이 선포되었습니다. 하나님께서 하십니다. 하나님께서 도우십니다. 걱정하지 말고 다 내려놓으십시오. 하나님께 다 맡기십시오. 하나님께서 하십니다. 이것이 천국 복음입니다. 천국 복음에 '아멘' 하십시오. 그리고 화평과 은혜와 소망을 누리며 살아가십시오.

3
대속 복음

1) 대속물이 되신 예수님

　예수님은 모든 사람의 죄를 대신 지고, 형벌을 받으셨습니다. 이것을 대속(代贖, substitution)이라고 부릅니다. ①예수 그리스도는 우리의 대리자로서 속죄를 행하셨습니다. ②그 속죄의 내용은 '형벌과 죽음'이었습니다. ③우리의 모든 죄와 연약함은 그리스도 안에서 해결되었습니다. 이것이 대속 복음입니다. 이사야서 53장의 유명한 예언과 같습니다. "그가 찔림은 우리의 허물 때문이요 그가 상함은 우리의 죄악 때문이라 그가 징계를 받으므로 우리는 평화를 누리고 그가 채찍에 맞으므로 우리는 나음을 받았도다. 우리는 다 양 같아서 그릇 행하여 각기 제 길로 갔거늘 여호와께서는 우리 모두의 죄악을 그에게 담당시키셨도다."(사 53:5-6) 예수님께서 우리의 죄를 대신해서 형벌을 받으셨습니다. 예수님께서는 친히 말씀하시기를 자신이 이 땅에 오신 것은 대속물로 자신을 주기 위함이라고 하셨습니다. "인자가 온 것은 섬김을 받으려 함이 아니라 도리어 섬기려 하고 자기 목숨을 많은 사람의 대속물로 주려 함이니라."(마 20:28) 대속물(代贖物)이란 '대신 지불하는 것'을 말합니다. 즉 죄에 사로잡혀 있던 우리를 자유롭게 하기 위해서, 예수님께서 자신의 죽음을 통해 값을 지불하셨다는 뜻입니다. 성경의 여러 곳에 '대속물'이라는 말이 나옵니다. "하나님은 한 분이시요 또 하나님과 사람 사이에 중보자도 한 분이시니 곧 사람이신 그리스도 예수라. 그가 모든 사람을 위하여 자기를 대속물로 주셨으니 기약이 이르러 주신 증거니라."(딤전 2:5-6) "너희가 알거니와 너희 조상이 물려 준 헛된 행실에서 대속함을 받은 것은 은이나 금 같이 없어질 것으로 된 것이 아니요. 오직 흠 없고 점 없는 어린 양 같은 그리스도의 보배로운 피로 된 것이니라."(벧전 1:18-19)

그런데 예수님의 대속은 형벌로 끝나지 않았고, 부활로 이어졌습니다. 그래서 예수님의 대속은 부활로 인하여, 우리에게 복음이 되었습니다. 대속 복음입니다. 예수님의 대속으로 인해 우리가 구원을 얻었고, 부활에 참여하게 된 것입니다.

2) 대속의 모형: 구약의 제사

대속 사상의 근거는 원래 구약의 제사에 있습니다. 예수님의 대속은 구약 제사의 의미와 일치합니다. 구약의 제사는 그리스도의 모형입니다. 히브리서는 이점을 분명하게 선포합니다. "우리에게 큰 대제사장이 계시니 승천하신 이 곧 하나님의 아들 예수시라."(히 4:14) 구약은 예수 그리스도를 가리키는 그림자입니다. "그들이 섬기는 것은 하늘에 있는 것의 모형과 그림자라 모세가 장막을 지으려 할 때에 지시하심을 얻음과 같으니 이르시되 삼가 모든 것을 산에서 네게 보이던 본을 따라 지으라 하셨느니라."(히 8:5-6) "그리스도께서는 장래 좋은 일의 대제사장으로 오사 손으로 짓지 아니한 것 곧 이 창조에 속하지 아니한 더 크고 온전한 장막으로 말미암아. 염소와 송아지의 피로 하지 아니하고 오직 자기의 피로 영원한 속죄를 이루사 단번에 성소에 들어가셨느니라."(히 9:11-12) 제사의 목적은 하나님과 화목하게 하는 것입니다. 즉 제사는 하나님께서 죄악된 사람들을 용서하시고 긍휼을 베푸시기 위한 방법입니다. 이것을 분명하게 이해해야 합니다. 제사는 인간이 뭔가를 하나님께 올려 드리는 열심이 주목적이 아닙니다. 하나님께서 속죄의 길을 열어 주셔서 인간을 만나 주신 은혜의 통로라는 것을 알아야 합니다.

제사를 통한 속죄에는 반드시 희생 제물, 즉 대신 형벌을 받을 짐승이 있어야 합니다. 흠 없는 양이 죄인을 대신할 희생 제물로 선택됩니다. 이 양은 죄인을 대신해 도살당하고 죄인이 받을 형벌을 대신 담당합니다. 이처럼, 구약의 제사는 그리스도의 예표인 짐승이 죄인을 대신하였고, 그 결과로 하나님과 화목하게 되는 것입니다. 제사의 목적은 하나님과의 관계를 회복하는 것입니다. 죄인이 희생 제사를 통해서 짐승의 대속으로 하나님께 죄 용서함을 받아 하나님과의 관계가 회복되는 것입니다. 그러므로 대속의 죄 사함은 반드시 피 흘림(생명을 바침)이 있어야 이루어집니다. "모든 물건이 피로써 정결하게 되나니 피 흘림이 없은즉 사함이 없느니라."(히 9:22) '피 흘림' 즉 속죄 제물이 죽임당하고 피를 흘리는 것은 제사의 가장 큰 기능입니다. 제물이 희생됨으로 인해서 죄인들의 죄가 씻어지고 하나님과의 관계가 회복됩니다. 제물로 바쳐진 짐승들은 우리를 대신한 것입니다. 제사장은 짐승의 머리에 안수를 합니다. 짐승 머리에 안수함으로써 사람의 죄가 죽임당하는 짐승에게 전가(轉嫁, imputation)되는 것입니다. 그리고 이 짐승들은 인간의 죄를 대신해서 형벌의 의미로 도살을 당했습니다. 이것이 바로 대속입니다. 이처럼 우리의 모든 죄악이 주님께 전가되었고, 예수님은 우리 대신 저주를 받으시고 그 죄에 대한 형벌로 십자가에서 피 흘려 죽으셨습니다. 우리의 죄가 그만큼 심각한 것입니다.

3) 화목제물(和睦祭物, propitiation)

신약성경은 예수님께서 희생 제물이 되어서 자신의 죽음을 통해 우리를 구원하신다고 명확하게 말씀하십니다. 이것은 필수적인 가르침입니다. "이 예수를 하나님이 그의 피로써 믿음으로 말미암는 화목제물로 세우셨으니 이는 하나님께서 길이 참으시는 중에 전에 지은 죄를 간과하심으로 자기의 의로우심을 나타내려 하심이니."(롬 3:25) "우리가 원수 되었을 때에 그의 아들의 죽으심으로 말미암아 하나님과 화목하게 되었은즉 화목하게 된 자로서는 더욱 그의 살아나심으로 말미암아 구원을 받을 것이니라."(롬 5:10) "우리는 그리스도 안에서 그의 은혜의 풍성함을 따라 그의 피로 말미암아 속량 곧 죄 사함을 받았느니라."(엡 1:7)

"이제는 전에 멀리 있던 너희가 그리스도 예수 안에서 그리스도의 피로 가까워졌느니라."(엡 2:13) "이 뜻을 따라 예수 그리스도의 몸을 단번에 드리심으로 말미암아 우리가 거룩함을 얻었노라."(히 10:10) "머리가 되신 예수 그리스도로 말미암아 은혜와 평강이 너희에게 있기를 원하노라 우리를 사랑하사 그의 피로 우리 죄에서 우리를 해방하시고."(계 1:5) 이 외에도 예수님의 대속의 죽으심으로 우리의 죄가 용서되었고, 우리는 죄에서 해방되었다는 말씀은 성경에 무수하게 많이 나옵니다. 예수님이 십자가에 형벌을 받아 죽으심으로 우리의 죄의 값을 지불하셨습니다. 그 결과로 우리는 이미 새 생명을 얻었습니다. "그는 우리 죄를 위한 화목제물이니 우리만 위할 뿐 아니요 온 세상의 죄를 위하심이라."(요일 2:2) 화목제물은 하나님의 진노를 속하는 역할을 합니다. 예수님의 죽으심은 화목제물이 되셔서 우리 죄를 간과하시고 하나님의 용서를 받게 해 주십니다. 그 결과 우리의 죄가 사라지고, 우리는 다시 하나님과 교제하게 되었습니다.

그런데 놀랍게도 이 모든 것이 다 하나님의 계획이라고 성경은 말씀합니다. "그가 하나님께서 정하신 뜻과 미리 아신 대로 내준 바 되었거늘."(행 2:23) "그는 창세 전부터 미리 알린 바 되신 이나 이 말세에 너희를 위하여 나타내신 바 되었으니."(벧전 1:20) 이 모든 일이 다 창세전에 계획되었고 하나님께서 미리 아신 바 되었다는 것입니다. 독생자를 내어주신 분은 바로 하나님이십니다. 그분은 독생자를 아끼지 아니하시고 우리를 위해 내주셨습니다. 이처럼 구속의 모든 일을 계획하시고 행하신 분이 바로 하나님이십니다. 우리를 한없이 사랑하시는 하나님께서 나를 위해 독생자 예수 그리스도를 화목을 위한 대속 제물로 삼으셔서, 우리가 의롭다고 선언하셨습니다. "하나님이 죄를 알지도 못하신 이를 우리를 대신하여 죄로 삼으신 것은 우리로 하여금 그 안에서 하나님의 의가 되게 하려 하심이라."(고후 5:21) 저는 이 말씀이 대속 복음을 나타내는 가장 중요한 구절 중 하나라고 생각합니다. 이 말씀에는 영원하신 하나님의 은혜가 계시되어 있습니다. 그분이 그리스도를 대속 제물로 삼으셨고 우리의 모든 죄를 그리스도에게 전가하셔서, 우리가 그리스도 안에서 하나님의 의가 되게 하셨습니다. 이제 우리의 모든 죄와 연약함은 그리스도 안에서 이미 해결되었습니다. 이것이 대속의 복음입니다.

4
십자가 복음

1) 내가 그리스도와 함께

　신앙의 기본은 예수님과 함께 죽는 것입니다. 예수님이 죽으시는 것을 묵상만 하는 것이 아닙니다. 내가 주님과 함께 날마다 죽어야 합니다. '예수를 믿는다는 것'은 예수님께서 내 죄를 씻어 주시고 용서해 주셔서 나는 이제 죄 사함을 받았고 자유롭게 되었다고 하는 데서 머물면 안 됩니다. 거기서 끝나 버리면, 아주 위험한 신앙이 됩니다. 물론 틀린 말은 아닙니다. 그러나 거기서 끝나서는 안 됩니다. 거기서 끝나서는 온전한 천국 백성이 될 수 없습니다. 그것이 함정입니다. 복음을 반쪽만 믿으려고 하기 때문입니다. 오늘날 한국교회의 심각한 문제가 바로 여기에 있습니다. 예수님께서 나를 다 용서해 주셨고 앞으로의 모든 죄도 용서해 주실 것이기 때문에 내가 짓는 어떤 죄도 상관없이 다 용서받고 천국에 갈 수 있습니까? 맞습니까? 물론 맞습니다. 그러나 용서받은 은혜만 맛보면서 여전히 죄 가운데에 살아가는 것은 진짜 복음이 아닙니다. 진짜 복음은 예수가 나를 위해 죽으심을 믿고, 그다음에 내가 예수와 함께 죄에 대하여 죽어야 됩니다. 그래야 진짜 복음이 완성되는 것입니다.
　로마서 6장을 보면 이러한 복음의 진리가 아주 잘 설명이 되어 있습니다. "죄에 대하여 죽은 우리가 어찌 그 가운데 더 살리요. 무릇 그리스도 예수와 합하여 세례를 받은 우리는 그의 죽으심과 합하여 세례를 받은 줄을 알지 못하느냐."(롬 6:2-3) '세례'라고 하는 것은 '나의 옛사람이 예수와 함께 죽었음'을 고백하는 것입니다. 그런데 우리는 '예수님이 나 때문에 죽으셨음을 믿습니다.' 하고 고백하고는, 거기까지만 하고 멈춰 버리는 경우가 많습니다. 세례는 예수님이 나를 위해 죽으신 것을 믿을 뿐 아니라, 내가 주님과 함께 죽었음을 고백하는 것입니다. 그것이 진짜 믿음이고, 진짜 세례입니다.

내가 그리스도와 함께 죽어야 그것이 진짜 믿음입니다. 예수님은 말씀하시기를 "누구든지 나를 따라오려거든 자기를 부인하고 자기 십자가를 지고" 따르라고 하셨습니다(마 16:24). 그렇다고 해서 자기 부인이라는 의미가 자학이나 금욕을 말하는 것은 아닙니다. 자학이나 금욕은 인간의 고집에 의해 자행되는 행위인 반면, '자기 부인(自己否認)'은 자기 자신의 뜻을 관철시키는 것이 아니라, 자신의 뜻을 내려놓고 오로지 그리스도만을 따르는 것입니다. 자기 십자가란 의식적으로 어떤 고난을 추구하는 것이 아니라, 하나님께서 각자에게 '자기 십자가'를 주십니다. 모든 사람에게 자신의 십자가는 이미 마련되어 있습니다. 하나님께서 주시는 십자가는 가혹한 숙명이 아니라, 예수 그리스도와의 결속 때문에 생기는 고난이므로 그 멍에는 쉽고, 그 짐은 가볍습니다(마 11:30).

순교자들조차도 고문의 고통과 죽음을 당하는 끔찍한 고통 가운데서 오히려 예수와 사귐을 나누는 최고의 축복을 누렸습니다. 자기 십자가를 지는 것이야말로 고난을 극복하는 유일한 길입니다. 십자가를 지고 살아가는 것은 인생을 불행이나 좌절에 빠뜨리는 것이 아니라, 오히려 영혼을 소생시키고, 쉬게 하는 것이요, 최상의 기쁨이 됩니다. 이 십자가는 우리의 짐을 쉽고 가볍게 하시는 예수님의 멍에를 지고(마 11:29-30) 그분과 함께 그 뒤를 따르는 길입니다.

많은 분들이 "네가 만일 네 입으로 예수를 주로 시인하며 … 마음에 믿으면 구원을 받으리라."(롬 10:9)라는 구절을 오해하여 복음을 너무나 단순하고 간단한 것으로 생각하는 경향이 있습니다. 이 구절의 의미는 입으로 예수를 시인하는 말을 하기만 하면 된다는 뜻이 아닙니다. "예수를 주로 시인하며"라는 의미는 예수님을 내 삶의 주인으로 인정한다는 것입니다. '내 인생의 주인은 내 자신이 아니라, 예수 그리스도께서 내 인생의 진정한 주인이십니다. 이것을 입으로 시인하면 구원에 이르느니라.' 하는 것입니다.

제자의 길은 '자기 십자가를 지고 나를 따르라'고 부르시는 '값비싼 은혜'입니다. 신앙은 관념이나 교리가 아닙니다. 믿음과 순종의 행위로 드러나지 않는 관념이나 교리의 신앙은 값싼 은혜입니다. 참된 은혜는 실천이요, 열매입니다. 실천만이 믿음을 입증하고, 오직 열매만이 나무의 가치를 결정합니다.

"누구든지 주의 이름을 부르는 자는 구원을 받으리라."(롬 10:13) 복음을 제대로 알고 이 말씀을 보면, 진짜 의미가 깨달아집니다. '주의 이름을 부르는 자'라는 말은 단순히 예수님의 이름을 입으로 말하는 사람이 아니라, 예수님을 주님으로, 인생의 주인으로 영접하여 모시는 사람을 말합니다. "영접하는 자 곧 그 이름을 믿는 자들에게는 하나님의 자녀가 되는 권세를 주셨으니."(요 1:12) "누구든지 내 음성을

듣고 문을 열면 내가 그에게로 들어가 그와 더불어 먹고 그는 나와 더불어 먹으리라."(계 3:20)

2) 십자가의 삶

내 인생의 주인이 예수님으로 바뀌어야 합니다. 그래야 진정한 믿음입니다. '예수님께서 십자가에 죽으심으로 나의 죄가 다 없어졌다.' 하는 대속 복음도 중요합니다. 얼마나 좋은 소식입니까. 좋은 말씀, 좋은 소식입니다. 그런데! 여기서 멈추어 버리면 안 됩니다. "내가 그리스도와 함께 십자가에 못 박혔나니." 이것이 십자가 복음입니다. "내가 그리스도와 함께 십자가에 못 박혔나니 그런즉 이제는 내가 사는 것이 아니요 오직 내 안에 그리스도께서 사시는 것이라 이제 내가 육체 가운데 사는 것은 나를 사랑하사 나를 위하여 자기 자신을 버리신 하나님의 아들을 믿는 믿음 안에서 사는 것이라."(갈 2:20) 예수님의 십자가가 의미하는 것은 예수님의 죽으심뿐만 아니라, 나의 옛사람도 예수님의 그 십자가에서 함께 죽는 것을 의미합니다. 내가 죽어야 합니다. 나의 옛사람, 나의 과거의 가치관, 나의 모든 죄악된 마음과 정욕과 탐심은 다 죽고, 이제는 내 인생의 주인이 내가 아니라 내 안에 그리스도께서 사시는 것입니다. "그런즉 이제는 내가 산 것이 아니요, 오직 내 안에 그리스도께서 사시는" 것입니다.

그리스도와 함께 십자가에 못 박힌 삶이란, 내 자신이 주인 되기를 포기하고 주인을 의지하고, 주인에게 맡기고, 주인 손에 이끌려 살아가기로 작정하는 것을 말합니다. "이제 내가 육체 가운데 사는 것은 나를 사랑하사 나를 위하여 자기 자신을 버리신 하나님의 아들을 믿는 믿음 안에서 사는 것이라."(갈 2:20) 십자가는 자기를 포기하고, 세상 것을 포기하는 것입니다. 바울이 전한 복음의 핵심은, 교훈이 먼저가 아니라, '십자가의 도'가 먼저였습니다. "십자가의 도가 멸망하는 자들에게는 미련한 것이요 구원을 받는 우리에게는 하나님의 능력이라."(고전 1:18) "내게는 우리 주 예수 그리스도의 십자가 외에 결코 자랑할 것이 없으니."(갈 6:14) 십자가의 복음을 깨달은 사람은 가치관이 바뀌고, 인생이 달라집니다. 오늘 우리에게도 모든 세상적인 욕심을 십자가에 못 박는 은혜가 있기를 바랍니다. "그리스도 예수의 사람들은 육체와 함께 그 정욕과 탐심을 십자가에 못 박았느니라."(갈 5:24)

십자가의 삶을 사는 사람들은 세상적인 욕망과 신앙의 길을 분명하게 구별합니다. 예수 그리스도를 만나고 난 뒤에 바울은 이렇게 고백합니다. "그리스도로 말미암아 세상이 나를 대하여 십자가에 못 박히고 내가 또한 세상을 대하여 그러하니라."(갈 6:14) 예수 그리스도의 십자가로 말미암아 인생의 가치관이 달라졌다는 말입니다. '예수를 아는 고상한 지식'에 눈이 뜨였기 때문입니다. "그러나 무엇이든지 내게 유익하던 것을 내가 그리스도를 위하여 다 해로 여길뿐더러. 또한 모든 것을 해로 여김은 내 주 그리스도 예수를 아는 지식이 가장 고상하기 때문이라 내가 그를 위하여 모든 것을 잃어버리고 배설물로 여김은 그리스도를 얻고. 그 안에서 발견되려 함이니."(빌 3:7-9)

사람에게는 세속적 욕망이 끈질기게 자리 잡고 있습니다. 그러나 어느 날 기도 중에 십자가 은혜를 체험하고 나니, 이 세속적 욕망이 끊어지고, 희생하며 섬기며 헌신하며 살겠다는 용기가 생겨나게 됩니다. 사도 바울도 한때는 세상적으로 부귀영화, 명예 권세의 출셋길이 완벽하게 열려 있던 사람이었습니다. 그러나 십자가를 지는 것과, 세상의 욕심은 절대 둘 다 함께 추구할 수 없는 목표인 것을 깨닫고, 세상의 모든 것을 버리기로 결단을 했습니다. "내가 그를 위하여 모든 것을 잃어버리고 배설물로 여김은 그리스도를 얻고. 그 안에서 발견되려 함이니."(빌 3:8-9) 비록 세상의 모든 것을 잃어버리고 박해를 받는다 할지라도 오직 예수 그리스도의 십자가를 붙들고, 십자가의 길을 가는 삶이 가장 아름답고 귀한 것을 깨달았기 때문에 그 길을 가기로 결단했던 것입니다.

오늘날 교인들 중에, 세상과 십자가, 둘 다 동시에 얻으려고 끝까지 포기하지 못하는 분들도 적지 않습니다. 그래서 '십자가의 능력 있는 삶'을 체험하지 못하고, 구경만 하는 것입니다. 우리는 예수 믿고, 세상에서 무난하고 평탄하고 적당히 성공하며 살기만을 원합니다. 그러나 그런 신앙에는 '십자가의 능력, 십자가의 지혜'가 없습니다. 십자가 복음을 회복하십시오. 십자가의 삶을 사십시오. 십자가의 능력을 체험하십시오.

5
구원을 이루라

1) 한번 구원은 영원한 구원인가?

 사람들이 이렇게 묻습니다. "제가 얻은 구원을 잃을 수도 있나요?" 그렇습니다. 잃을 수도 있습니다. 신약성경에는 그리스도인들에게 '구원을 잃지 말라'는 경고가 여러 번 나옵니다.[3] '구원을 잃지 말라'는 경고가 있다는 것은 분명히 구원을 잃어버릴 수도 있다는 뜻입니다. 그러나 성경을 읽는 분들은 그런 경고를 주는 본문을 별로 좋아하지 않습니다. 미래의 소망과 구원의 확신을 주는 본문을 더 좋아합니다. 그런데, 성경에서 '하나님께서 우리의 구원을 지켜 주신다'고 하는 확신의 구절이 있는 곳마다, 우리가 자신의 구원을 지켜야 한다는 경고의 구절이 거의 함께 나온다는 것을 발견하게 됩니다. 성경은 〈하나님의 지키심〉과 〈인간의 신앙적 노력〉에 대해서, 둘이 함께 균형을 이루도록 말씀하십니다. 구원의 시작은 분명히 하나님의 전적인 은혜에 의한 것입니다. 우리가 믿음으로 그 은혜에 의하여 구원을 얻었습니다(엡 2:8). 그러면 구원받은 자로서의 삶은 어떠해야 합니까? 그냥 아무렇게나 살아도 되는 것이 아닙니다. 절대로 아닙니다.

---

3) 마 10:22, 24:13, 막 10:26, 13:13, 눅 8:12, 13:23, 18:26, 요 15:4-6, 행 20:20, 27, 롬 8:24, 9:27, 11:20-22, 고전 3:15, 9:27, 15:2, 빌 2:12, 딤후 1:12, 4:7, 히 10:38-39, 벧전 3:20, 유 1:21 등

구원받은 자답게 살아야 합니다. 예수 그리스도를 바라보면서 하나님의 사랑 안에 거하도록 자기를 지켜야 합니다. 유다서의 끝부분에는 하나님의 영광스러운 약속이 나옵니다. "능히 너희를 보호하사 거침이 없게 하시고 너희로 그 영광 앞에 흠이 없이 기쁨으로 서게 하실 이."(유 1:24) 그런데, 이 놀라운 약속의 바로 앞에 보면, 자신을 지키라는 권면의 말씀이 함께 나옵니다. "하나님의 사랑 안에서 자신을 지키며 영생에 이르도록 우리 주 예수 그리스도의 긍휼을 기다리라."(유 1:21) 우리는 구원받은 자답게 살아야 한다는 말씀입니다. 디모데후서는 이렇게 말씀합니다. "내가 의탁한 것을 그 날까지 그가 능히 지키실 줄을 확신함이라."(딤후 1:12) 그런데 바로 그다음에 나오는 구절에는 이렇게 말씀합니다. "믿음을 지켰으니."(딤후 4:7) '그분이' 지켜 주셨다고도 하고, 또 '내가' 믿음을 지켰다고도 합니다. 그러니 믿음을 계속 지켜 가는 것은 하나님께서 우리의 믿음을 지켜 주시지만, 또 한편으로는 우리도 그것을 지켜야 합니다. 하나님의 지키시는 능력에 대해 말씀하시는 곳마다, 동시에 또한 우리가 자신을 지키라는 권고가 나타납니다. 이 균형은 성경의 거의 모든 곳에 나타납니다.

2) 계속해서 주 안에 머물러야 한다

하나님의 사랑 안에서, 우리는 우리 자신을 지켜야 합니다. 우리는 예수 그리스도를 바라보면서 하나님을 의지해야 하고, 하나님께서는 우리가 그분께 의탁한 것을 지키도록 도와주시는 것입니다. 이것이 온전한 진리입니다. 우리가 믿는 구원에 대한 말씀이 위험한 반쪽의 진리가 되어서는 안 됩니다. 우리는 살아 있는 동안 책임이 있습니다. 하나님과 계속 함께해야 합니다. 그분을 계속해서 신뢰해야 합니다. 그분의 인자하심에 계속 반응해야 합니다. 우리는 살아 있는 동안 끝까지 인내해야 합니다. "끝까지 견디는 자는 구원을 얻으리라."(마 10:22, 24:13) 즉 신앙생활을 시작하기만 하면 구원을 받는 것이 아니라, 믿음으로 신앙생활을 잘 마치는 사람들이 구원을 받는 것입니다. 얼마나 중요한 교훈입니까. 많은 사람들이 시작은 하지만, 마치지를 못합니다. 신약성경에는 신앙생활을 시작하지만 마치지 못하는 사람들을 향한 경고들로 가득합니다. 믿음은 계속적인 신뢰와 순종의 관계입니다. 우리가 믿음을 지키는 한 하나님께서 우리를 지키실 것입니다.

요한복음 15장에서는 이렇게 말씀합니다. "내 안에 거하라 나도 너희 안에 거하리라."(요 15:4) 이 본문에서도 경고가 함께 나옵니다. "가지가 포도나무에 붙어 있지 아니하면 스스로 열매를 맺을 수 없음 같이 너희도 내 안에 있지 아니하면 그러하리라."(요 15:4) 네가 내 안에 머물지 않는다면 나는 네 안에 머물지 않을 것이라는 뜻입니다. 그래서 우리가 주님 안에 머물지 않으면 어떻게 됩니까? "나는 포도나무요 너희는 가지라 그가 내 안에, 내가 그 안에 거하면 사람이 열매를 많이 맺나니 나를 떠나서는 너희가 아무 것도 할 수 없음이라."(요 15:5) 그리고 경고가 나옵니다. "사람이 내 안에 거하지 아니하면 가지처럼 밖에 버려져 마르나니 사람들이 그것을 모아다가 불에 던져 사르느니라."(요 15:6) 예수님께 계속해서 붙어 있지 않으면 버려진다는 말씀입니다.

로마서에도 놀라운 약속의 말씀이 나옵니다. "그러나 이 모든 일에 우리를 사랑하시는 이로 말미암아 우리가 넉넉히 이기느니라. 내가 확신하노니 사망이나 생명이나 천사들이나 권세자들이나 현재 일이나 장래 일이나 능력이나. 높음이나 깊음이나 다른 어떤 피조물이라도 우리를 우리 주 그리스도 예수 안에 있는 하나님의 사랑에서 끊을 수 없으리라."(롬 8:37-39) 이 말씀은 성경 전체를 통틀어, 가장 확실한 약속 중 하나입니다. 그런데 한 페이지 넘겨서 11장을 읽어 보면, 11장은 이방인 신자들에게 유대인들에 대해서 설명하고 있는 내용입니다. 특히 하나님 백성의 모습에서 멀어져 버린 유대인들에 대한 말씀입니다. "옳도다 그들은 믿지 아니하므로 꺾이고 너는 믿으므로 섰느니라 높은 마음을 품지 말고 도리어 두려워하라. 하나님께서 원 가지들도 아끼지 아니하셨은즉 너도 아끼지 아니하시리라."(롬 11:20-21) 그리고 계속해서 22절에, 넘어지는 자에게는 하나님의 준엄하심이 임한다고 경고를 합니다. 우리가 하나님의 인자하심에 머물러 있지 않으면, "찍히는 바가 되리라." 하고 경고를 하십니다. "그러므로 하나님의 인자하심과 준엄하심을 보라 넘어지는 자들에게는 준엄하심이 있으니 너희가 만일 하나님의 인자하심에 머물러 있으면 그 인자가 너희에게 있으리라 그렇지 않으면 너도 찍히는 바 되리라."(롬 11:22) 이 말씀들은 다르게 해석할 수가 없습니다. 단 한 가지 의미입니다. 그 의미는 만약 우리가 하나님을 지속적으로 신뢰하지 않는다면 우리가 유대인들보다 더 안전한 것이 아니라는 것입니다. 좀 더 쉽게 설명하자면, 이방인 신자인 우리들을 향해서 이렇게 말씀하는 것입니다. "유대인들은 꺾였고 우리는 믿음으로 섰습니다. 그러나 그것으로 안전하다고 생각하여 교만해지면 안 됩니다. 왜냐하면 하나님께서 유대인들에게 하셨던 것과 똑같이 우리에게 하십니다. 그분은 동일하신 하나님이십니다. 하나님의 인자하심에 머물러 있지 않으면 우리도 찍히게 될 것입니다." 이것은 심각한 진리입니다. 성경에는 우리가 쉽게 무시하고 지나쳤던 경고들이 계속해서 나옵니다.

3) 구원을 이루어 가는 삶

여러분은 이 말씀들에 대해서 어떻게 반응하시겠습니까? "목사님, 겁주려고 그러십니까?" 네, 맞습니다. 그렇습니다. 말씀 앞에서 겁을 좀 먹어야 합니다. 우리는 그동안 너무 겁을 상실해 버렸습니다. 우리는 좀 더 두려워해야 합니다. 저는 다른 사람에게 전파한 후에 제 자신이 도리어 버림을 당할까 두렵습니다. "내가 내 몸을 쳐 복종하게 함은 내가 남에게 전파한 후에 자신이 도리어 버림을 당할까 두려워함이로다."(고전 9:27) 우리는 하나님의 심판을 두려워하며 하나님께 대한 감각이 깨어 있어야 합니다. 우리에게는 어느 정도의 긴장감과 두려움이 필요합니다. 즐겁게 신앙생활하는 것은 좋은 일이고 아름다운 일이지만, 한편으로는 하나님을 향한 경외감을 잃어버리지 않아야 합니다. 언젠가 한 청년이 이런 말을 한 것이 생각이 납니다. "하나님께서는 멋진 분이십니다. 우리는 친구같이 다정한 하나님과 함께 즐겁게 예배를 드립니다." 이 말이 틀린 말은 아니지만, 그래도 저는 사람들이 마치 파티라도 하는 것처럼 요란하게 예배를 드리는 것에만 심취하는 것이 아닌가 염려가 되는 부분도 있습니다. 그러다가 두려움과 엄위로움을 잃어버릴까 봐 걱정이 됩니다.

　빌립보서는 말씀하기를 "두렵고 떨림으로 너희 구원을 이루라."(빌 2:12-13)라고 하셨습니다. 우리는 과연 두려움과 떨림으로 구원을 이루고 있습니까? 우리는 이 땅에서 우리의 생명이 있는 동안, 더욱더 주님을 의지하고 주님을 사모하는 소원과 사명을 가지고 포도나무 되신 우리 주님께 날마다 생명을 공급받는 삶을 살아야 합니다. 주님 안에 있어야 합니다. "사람이 내 안에 거하지 아니하면 가지처럼 밖에 버려져 마르나니 사람들이 그것을 모아다가 불에 던져 사르느니라."(요 15:6) 전능하신 하나님께서 행하고 계심을 깨닫고 그분 앞에서 두려운 마음과 떨림을 가지고 살아가야 합니다. 계속해서 주님을 바라보며, 주님을 의지하며 살아가야 합니다. 두렵고 떨림으로 우리의 구원을 이루어 가시기 바랍니다.

6
오직 복음

1) 복음의 능력

하나님께서는 때때로 인간의 능력으로는 할 수 없는 초자연적 능력을 발휘하게 하심으로 하나님의 살아 계심을 증거하시는 일이 많습니다. 그중에 하나가 사도행전 3장의 말씀입니다. 베드로와 요한이 기도하러 가다가 성전 앞에서 거지 한 명을 만납니다. 그 사람은 나면서부터 한 번도 걸어 보지 못한 사람입니다. 베드로와 요한은 '예수의 이름'으로 그 사람을 일어나 걷게 했습니다. 이것은 놀라운 기적이었습니다. 어떻게 그런 일이 일어날 수 있었을까요? 하나님께서는 사명을 받은 종들에게 능력을 주십니다. 그 권능으로 전도의 열매, 복음의 열매를 맺게 하십니다. 복음의 능력 앞에서 인간의 지식은 무너지는 법입니다. 아무리 세상 지식을 많이 가지고 있다 해도, 복음 앞에서는 다 소용없습니다. '복음'을 깨닫고 '복음'을 붙들어야 합니다. 복음은 하나님의 말씀이고 하나님의 능력입니다. 그런데 세상의 말에 사로잡혀 있으면 복음을 깨닫지 못합니다. 복음을 알아야 합니다. 복음을 알면 삶이 달라집니다. 복음이 힘이고, 복음이 능력이고, 복음이 생명입니다. 복음은 우리의 영과 혼과 육신과 인생을 다 회복시키는 권능이 있습니다. 복음을 붙드십시오.

기적을 행한다고 다 성령의 역사는 아닙니다. 거짓된 영들은 사람을 속여서 지옥으로 끌고 가려고 처음에는 모두 광명의 천사들처럼 그럴듯하게 가장해서 사람을 속입니다. 악한 영들도 이런 권능을 얼마든지 행할 수 있습니다. 그러므로 그 열매를 봐야 합니다. 영을 살리는 기적인지, 영을 죽이는 기적인지, 복음을 전하는 기적인지 미혹하게 하는 기적인지를 구별해야 합니다. 지성인이라는 사람들이 영적인 세계에 쉽게 무너지고, 지성인이라는 사람들이 거짓 영의 역사에 미혹되는 것을 종종 봅니다.

성경 말씀에는 영을 다 믿지 말라고 했습니다. "사랑하는 자들아 영을 다 믿지 말고 오직 영들이 하나님께 속하였나 분별하라 많은 거짓 선지자가 세상에 나왔음이라."(요일 4:1) 사이비 종교 집단에 넘어가서 피해를 본 사람들 중에 지성인이라고 자처하는 사람들도 적지 않습니다. 서울대 석사 박사들 교수들이 초등학교도 겨우 나온 정명석, 이만희에게 넘어가서 이단 사이비에 빠져 인생을 망친 경우도 적지 않았습니다. 영에는 성령이 있고, 악한 영도 있습니다. 악한 영도 기적을 행할 수 있습니다. 출애굽기에 보면 애굽의 술사들도 지팡이를 뱀으로 만들기도 하고, 물이 피가 되게 하는 능력을 행했습니다. 어떤 영이 하나님께 속한 영이라고 했습니까? "곧 예수 그리스도께서 육체로 오신 것을 시인하는 영마다 하나님께 속한 것이요. 예수를 시인하지 아니하는 영마다 하나님께 속한 것이 아니니 이것이 적그리스도의 영이니라."(요일 4:2-3) 기적이 일어났다고 해서 다 믿지 말고, 복음에 집중해야 합니다. 자기를 드러내려고 기적을 찾아다니는 것은 위험하기 짝이 없는 일입니다. "하나님이 세상을 이처럼 사랑하사 독생자를 주셨으니 이는 그를 믿는 자마다 멸망하지 않고 영생을 얻게 하려 하심이라."(요 3:16) 복음은 이것입니다. 하나님께서 여러분을 아시고, 지극히 사랑하십니다. 이것이 복음입니다. 하나님의 아들이 인간의 몸으로 이 땅에 오셔서 내 대신 형벌을 받으시고 부활 승천 하셨습니다. 그 이름의 권세를 믿는 사람은 구원받고 화평을 누리고, 은혜 안에서 살아갑니다. 이것이 복음입니다. 지금도 하나님께서 여러분과 함께하시고, 필요할 때는 기적의 능력도 베풀어 주십니다. 이것이 복음입니다. 진정한 하나님의 능력은 인간의 몸으로 이 땅에 육체를 입고 오신 예수의 이름에서 옵니다.

2) 예수의 복음

앉은뱅이는 베드로와 요한에게 돈을 요구했지만 그들이 줄 것은 돈이 아니라 예수의 복음이었습니다. 이것이 우리가 깊이 생각해야 할 문제입니다. 전도자는 돈을 주는 사람이 아닙니다. 전도는 돈으로 할 수 있는 것이 아닙니다. 돈만 의지하여 전도하다가는 돈 떨어지면 그것으로 끝나 버립니다. 물질로 전도하는 일에는 한계가 있습니다. 그것은 밑 빠진 독과 같이 주면 줄수록 더 갈증을 느끼게 합니다. 물론 구제 사업도 교회가 반드시 해야 할 일 중의 하나입니다. 그러나 그것은 수단일 뿐입니다. 제자들이 가진 것은 은과 금이 아니라 나사렛 예수의 복음이었습니다. 오늘날에도 이것은 마찬가지입니다. 우리 믿는 사람들이 세상 사람들에게 줄 수 있는 것이 무엇일까? 오직 나사렛 예수입니다. 예수님이 이 땅에 오신 목적이 무엇임을 분명히 전해야 합니다. 예수님께서 이 세상에 오신 것은 은이나 금을 주기 위함이 아닙니다. 예수께서 이 세상에 오신 것은 자기를 내어주고 생명까지 버림으로써, 〈사망〉에서 〈영생〉에 이르도록 함이었습니다. 이것이 복음입니다. "내가 진실로 진실로 너희에게 이르노니 내 말을 듣고 또 나 보내신 이를 믿는 자는 영생을 얻었고 심판에 이르지 아니하나니 사망에서 생명으로 옮겼느니라."(요 5:24) 은과 금으로 몇 푼씩 도와주는 것으로 예수 믿게 할 수 없을 뿐 아니라, 그런 것들은 다 실패합니다. 교인들 간에 금전 거래 하다가 은혜 충만하게 받았다는 사람 봤습니까? 그런 사람은 한 사람도 없습니다. 그냥 순수한 마음으로 주어야지 거기에 조건을 붙여 주면 그 조건으로 인하여 결실하지 못합니다.

3) 사람을 변화시키는 복음의 능력

만일 베드로와 요한이 몇 푼의 동전을 요구하는 대로 주었다고 생각해 보십시오. 그것으로 끝났을 것입니다. 그러나 복음이 선포되고 예수 이름의 권능이 나타났을 때, 평생 한 번도 걸어 보지 못한 사람이 서서 걸으며 뛰면서 하나님을 찬미했습니다. 지금껏 웃음이 없이 살던 앉은뱅이가 입을 벌려 찬미했습니다. 얼마나 감격적인 모습입니까! 이것을 본 많은 사람들이 하나님께 영광을 돌렸습니다. 돈은 사람에게 일시적인 기쁨을 줄 수 있지만, 결국 그것으로 친구를 잃게 하고, 형제간에도 멀어지게 합니다. 금전적인 도움은 일시적인 기쁨을 줄지는 모릅니다. 하지만 그 기쁨은 순간적입니다. 그것으로 인해서

| 복음의 내용 |

더 깊은 수렁에 빠져들게 합니다. 복음은 사람으로 하여금 기쁨을 되찾게 만듭니다. 인생을 포기했던 사람들도 새로운 삶을 발견하고, 과거보다 더 기쁘게 감사하며 살아갑니다. 이것이 능력입니다. 다른 일에서는 있을 수 없습니다. 복음을 알면 가능합니다. 사람의 생각으로는 기쁨이 없을 것같이 보이는 사람들이, 예수로 인해 소망을 발견하게 됩니다. 복음의 능력은 참 신비롭습니다. 복음은 사람을 변하게 하고 인생을 변화시키는 능력입니다. 여러분, 우리가 복음을 통하여 삶이 변하게 되는 놀라운 세계를 경험하십시오.

제3장

영에 속한 사람

1
끊을 수 없는 하나님의 사랑

1) 영을 따르는 사람

로마서 8장을 보면, 사람을 구분하기를 〈육신을 따르는 자〉와 〈영을 따르는 자〉로 나누었습니다. "육신의 생각은 사망"(6)이라 했고, "육신의 생각은 하나님과 원수가 된다."(7)라고 했습니다. 그리고 "육신에 있는 자들은 하나님을 기쁘시게 할 수 없다."(8)라고 했습니다. 우리 중에 육신을 따르는 자도 있고 영을 따르는 자도 있습니다. "육신을 따르는 자는 육신의 일을, 영을 따르는 자는 영의 일을 생각한다."(5)라고 했습니다. 영을 따르는 사람은 하나님의 방법대로 생각하고, 영의 일(하나님의 일)을 합니다. 즉 영을 따르는 생각이란 하나님께서 우리를 구원하시고 도우시고 승리하게 하실 것을 생각하는 것입니다. 내가 비록 죄 가운데 있고 연약하고 약하지만, 그래도 하나님께서 나를 사랑하시고, 내게 은혜를 주시고 기쁨과 소망을 주시는 분임을 신뢰하는 것입니다.

우리가 비록 육신으로 죄의 법을 따르고 있는 중에서도, 하나님께서는 우리를 지키고 인도하시고 은혜를 주십니다. 이것이 놀라운 비밀입니다. 이러한 은혜를 경험한 사람이 성도입니다. 그러므로 성도의 삶의 목표는 이 세상이 아닙니다. 나를 통해 주님이 높아지시고,

하나님께서 영광받으시는 것이 더 중요한 것입니다. 성도의 삶의 목표는 내가 아닙니다. 성도의 삶의 목표는 하나님이시요, 하나님 나라입니다. 우리는 하나님을 위해 살고, 하나님 나라를 위해 사는 것입니다. 공부를 해도 하나님을 위하여, 사업을 해도 하나님을 위하여, 정치를 해도 하나님을 위하여, 집에서 살림을 해도 다 하나님을 위하여 하는 것입니다. "너희가 먹든지 마시든지 무엇을 하든지 다 하나님의 영광을 위하여 하라."(고전 10:31) 나를 위해서 하면 다른 사람을 미워할 수도 있고, 거짓말을 해서 일을 성사하기도 하고, 다른 사람에게 해를 끼치고, 나쁘게 할 수도 있지만, 그러나 하나님을 위해서 하면 그렇게 할 수 없습니다. 정직하고 진실되게 해야 합니다. 양보하고 희생해야 합니다. 예수님 하신 것처럼 그렇게 해야 하는 것입니다. 그래야 하나님 영광을 받으시기 때문입니다.

2) 은혜는 행위를 이끌어 준다

하나님을 위하여 살아야 하고, 좋은 열매 맺으며 살아야 하는데, 문제는 우리 힘으로 그렇게 살 수 없다는 것입니다. 우리의 의지와 힘과 경험으로는 하나님을 위해 산다는 것이 불가능합니다. 하나님을 위해 살려고 노력해 보지만, 인간의 결단과 노력은 금방 내 자존심이 나타나고, 내 욕심이 나타나고, 내 교만이 나타나고, 악함이 드러나서 실패하게 됩니다. 하나님을 위해 살고, 열매 맺으며 사는 방법을 말씀이 가르쳐 주십니다. 그것은 '복음의 방법'입니다. 은혜받은 사람은 반드시 하나님의 뜻을 구하며, 하나님의 뜻대로 살게 된다는 법칙이 복음의 방법입니다. 은혜는 반드시 행위를 이끌어 옵니다. 그래서 복음인 것입니다.

복음은 우리를 온전하게 만들어 주십니다. 오직 복음만이 완전합니다. 사도 바울은 갈라디아서 1장에서 이렇게 고백합니다. "형제들아 내가 너희에게 알게 하노니 내가 전한 복음은 사람의 뜻을 따라 된 것이 아니니라. 이는 내가 사람에게서 받은 것도 아니요 배운 것도 아니요 오직 예수 그리스도의 계시로 말미암은 것이라."(갈 1:11-12) 바울은 자신이 사도의 직분을 헌신적으로 열심히 감당하게 된 것은 자기의 열심이 아니라 오직 하나님으로부터 말미암은 것이라고 고백합니다. "사람들에게서 난 것도 아니요 사람으로 말미암은 것도 아니요 오직 예수 그리스도와 그를 죽은 자 가운데서 살리신 하나님 아버지로 말미암아 사도 된 바울은."(갈 1:1) 바로 이것입니다. "오직 예수 그리스도와 그를 죽은 자 가운데서 살리신 하나님 아버지로 말미암아." 그러면서 사람의 열심히 하는 일이 어떤 결과를 가져오는지를 명확하게 말씀합니다. "내가 이전에 유대교에 있을 때에 행한 일을 너희가 들었거니와 하나님의 교회를 심히 박해하여 멸하고. 내가 내 동족 중 여러 연갑자보다 유대교를 지나치게 믿어 내 조상의 전통에 대하여 더욱 열심이 있었으나."(갈 1:13-14) 우리가 하나님의 계명을 지키며 살려고 얼마나 애쓰고 발버둥 치며 살았습니까! 자기 자신을 채찍질하면서 열심히 신앙생활하려고 얼마나 애썼습니까! 그랬더니 마음에 하나님께서 주시는 참평화가 찾아옵니까? 아니면, 힘들고 지치고 상처가 됩니까?

3) 율법과 복음의 관계

율법이 먼저가 아니고 복음이 먼저입니다. 그것이 중요합니다. 율법을 따라 살고 계명을 지키면 복음이 이루어지는 것이 아니라, 그 반대입니다. 복음이 우리 안에 기쁨을 주시고 성령이 함께하셔야, 계명을 지킬 수 있게 되고 율법의 요구를 이룰 수 있는 힘을 하나님께서 주시는 것입니다. 은혜의 복음과 율법적 행위와의 관계는 '이것도 하고 저것도 하고'의 관계가 아닙니다. 어느 것이 먼저인가의 문제입니다. 은혜 반, 행위 반이 아닙니다. 이것은 복음을 크게 착각하고 있는 것입니다. 은혜가 앞서가면서, 행위를 이끌어 가게 해야 하는 것입니다. 은혜는 반드시 올바른 행위를 이끌어 오게 되어 있습니다. 그래서 복음인 것입니다. "율법이 육신으로 말미암아 연약하여 할 수 없는 그것을 하나님께서는 하시나니 … 육신을 따르지 않고 그 영을 따라 행하는 우리에게 율법의 요구가 이루어지게 하려 하심이니라."(롬 8:3-4) 하나님을 기쁘시게 하고, 믿음의 삶을 살게 되는 것은 오직 영적인 방법을 따르는 영적인 사람이 되는 것으로만 가능합니다. 하나님께 맡길 줄 아는 것입니다. 나는 비록 연약해도 하나님께서 다 해주실 줄 믿고, 하나님께 맡기고 기쁨과 소망을 누리는 것입니다. 그래서 "영의 생각은 생명과 평안"(롬 8:6)이라고 했습니다. 하나님께 맡기십시오. 나의 연약함도 하나님께 맡기고, 나의 악한 본성과 나의 죄악들도 모두 하나님께 맡겨 버리십시오. 가정의 문제, 건강의 문제, 생업의 문제, 불안함의 문제, 모든 문제들을 주께 맡기고 내려놓으십시오. 하나님께서 일하십니다.

2
성령의 도우심

1) 성령이 충만한 사람

그리스도인들은 성령님 안에서 살아갑니다. 그것은 마치 사람이 공기 중에 살고 있는 것과 비슷합니다. 우리가 숨을 쉴 때마다 눈에 보이지 않는 공기가 가슴을 채우는 것처럼 성령님은 성도의 영적인 호흡을 통해서 그리스도의 생명을 가득히 채워 주십니다. "누구든지 그리스도의 영이 없으면 그리스도의 사람이 아니라."(롬 8:9) 주의 일꾼이 되려면 무엇보다 먼저 그리스도의 영, 즉 '성령'을 받아야 합니다. 교회의 첫 일꾼들은 지혜롭고 믿음이 있는 사람들이었으며, 그 무엇보다 성령 충만한 사람들이었습니다. 교회의 일꾼이 되는 필수 조건이 바로 '성령 충만'이었습니다. 그러므로 교회의 일꾼이 되려면 성령이 충만한지를 살펴봐야만 합니다. 사도행전 말씀은 교회의 일꾼이 될 자격을 분명하게 말씀해 주십니다. "성령과 지혜가 충만하여 칭찬받는 사람."(행 6:3) 그래서 '믿음과 성령이 충만하여 칭찬받는 사람 일곱'(행 6:5)을 택하여 초대교회의 첫 집사로 안수했습니다.

부활하신 예수님께서는 성령님이 임하실 것이라고 예언하셨습니다. 구약시대에도 성령님은 활동하셨지만, 그때는 특별한 선지자들에게 임하셨습니다(왕하 2:9, 사 63:11). 그런데 예수님은 모든 믿는 자들에게 성령이 임하실 것이라고 하셨습니다. 성령이 오시면 우리가 권능을 받고, 그리스도의 증인이 될 것이라 하셨습니다. 과연 약속하신 대로 성령님이 오셨습니다. 예수님이 부활 승천 하신 후에, 열흘 만의 일입니다. 120명의 무리가 예루살렘에 있는 마가의 다락방에 모여 기도하고 있을 때, 홀연히 하늘로부터 급하고 강한 바람 같은 소리가 온 집에 가득하더니 불의 혀같이 갈라지는 것이 보이고 성령님이 그곳에 임하셨습니다(행 2:1-4). 그것이 첫 번째 성령강림절이었습니다. 오순절 날 마가의 다락방에 임하신 성령님은 바람 같은 소리와 함께 불의 혀처럼 갈라지는 모습으로 나타나셨고, 거기 모인 사람들에게 각 나라의 말로 방언을 하게 했습니다. 그 광경은 굉장히 신비로웠습니다. 온 집 안에 무엇인가 가득 채우는 힘이 내려왔습니다. 또 사람들 각자의 마음에 넘쳐흐르는 강렬한 느낌이 임했습니다. 성경은 그 상태를 '성령 충만'이라고 표현했습니다. 그것이 신앙이 없는 사람의 눈에는 마치 술에 취한 것처럼 보였던 것 같습니다. 그래서 "어떤 이들은 조롱하여 이르되 그들이 새 술에 취하였다 하더라."(행 2:13) 하고 기록했습니다.

2) 성령님은 하나님의 자녀들을 인도하신다

우리에게 오신 성령님은 하나님의 자녀들을 인도하십니다. "무릇 하나님의 영으로 인도함을 받는 사람은 곧 하나님의 아들이라."(롬 8:14) 우리가 하나님의 자녀라면 성령님의 인도를 받는 사람입니다. 성령님이 우리를 인도하고 계십니다. 이것은 한편으로 신기하기도 하고, 다른 한편으로는 너무도 간단하고 확실한 것입니다. 하나님의 영에 이끌려 인도함을 받는 사람은 하나님의 자녀입니다. 기도할 때마다 예수 그리스도께서 내 인생을 이끄시고, 나는 그 안에서 목자 되신 예수님을 따라가는 어린 양이라는 확신이 듭니다. 그래서 우리는 행복합니다. 성령님은 때로 우리를 강하게 우리를 밀어붙여서 기도와 전도의 불길로 타오르게 하시고, 때로는 세파에 시달린 우리의 심신을 평안한 자리로 이끄시며 인도하십니다. 주일에는 예배당으로 인도하시고 마음이 곤고할 때는 기도의 자리로 부르십니다. 이런 이끌림을 받는 사람은 하나님의 자녀로서 성령님과 함께 거하게 됩니다.

3) 아빠 아버지

성령님은 우리로 하여금 하나님을 아버지라고 부르게 하십니다. 하나님을 '아버지'라고 부르게 된 이 일보다 더 기쁜 일이 어디 있겠습니까? 죄의 종이라는 신분에서 완전히 떠났다는 표시입니다. 로마서 8장 15절에서는 우리가 하나님을 '아빠 아버지'(abba, father)라는 호칭으로 부르게 되었다고 말씀합니다. "너희는 다시 무서워하는 종의 영을 받지 아니하고 양자의 영을 받았으므로 우리가 아빠 아버지라고 부르짖느니라."(롬 8:15) 예수님께서 겟세마네 동산에서 기도하실 때에도 하나님을 아빠 아버지라고 부르셨습니다(막 14:36).

사탄은 우리가 하나님의 자녀가 되는 길을 막아서서 이의를 제기하면서 우리를 정죄합니다. "세상 욕심이 가득 차서 하나님을 욕되게 한 네가 무슨 하나님의 자녀냐. 오히려 사탄의 자녀가 아니냐." 이런 사탄의 정죄에 대해서 우리가 뭐라고 답을 할 수 있겠습니까? 성령님께서는 이렇게 증언하십니다. "이 사람은 이제 죄인이 아니고, 하나님의 자녀이다. 이 사람은 예수 그리스도를 통해 모든 죄를 사함받았고, 하나님을 아버지라 부르게 되었다." 성령님은 이렇게, 우리가 하나님의 자녀가 되었음을 확실하게 증언해 주십니다.

우리가 하나님의 자녀라는 증거가 자꾸 희미해질 때가 있습니다. 고난을 만나고 시련을 겪게 되면, '정말 하나님께서 나를 사랑하고 계실까?' 하는 의심이 생깁니다. 그러나 그럴 때마다 성령님께서 우리를 위로하시고 더욱 격려하셔서 염려하지 않도록 만들어 주십니다. 성령님께서 새 힘을 주시고, 은총을 주셔서 기쁨이 넘치게 하십니다. 성령님은 우리가 모진 고난과 시련을 겪는 중에도 우리의 바로 곁에서 위로하시고, 격려하시고, 은총과 능력을 부어 주십니다. "이와 같이 성령도 우리의 연약함을 도우시나니 우리는 마땅히 기도할 바를 알지 못하나 오직 성령이 말할 수 없는 탄식으로 우리를 위하여 친히 간구하시느니라."(롬 8:26) 성령님께서는 우리 삶의 모든 자리에 함께하십니다. 그러므로 하나님의 자녀인 우리는 외로울 틈이 없습니다. 성령님이 함께 계심을 믿고, 성령님과 교제하고, 성령님이 주시는 기쁨과 평안을 누리시기를 바랍니다. 내 곁에 계시는 성령님을 잊어버리지 마십시오. 성령님께서는 공기처럼 우리와 함께 계셔서 생명으로 호흡하게 하십니다. 성령님은 우리에게 생기를 부어 주셔서 우리를 위로하여 일으키시고 새 힘과 능력을 공급해 주십니다. 우리가 하나님을 아버지라 부르며 감격할 때마다 거기에 구원의 증언자이신 성령님께서 함께하시며 역사하십니다.

3
현재의 고난

1) 고난과 영광

인생을 살면서 눈물 없는 사람이 없고, 고난 없는 사람이 없습니다. 이 땅에 존재하는 동안 견디기 어려운 고난이 누구에게나 있기 때문입니다. "생각하건대 현재의 고난은 장차 우리에게 나타날 영광과 비교할 수 없도다."(롬 8:18) 성경은 〈현재의 고난〉과 〈장래의 영광〉을 말씀했습니다. 예수를 믿는 순간 어려움이 사라지고, 모든 일이 순식간에 싹 풀려 버리면 좋겠지만 그렇지 못합니다. 예수 믿고 구원받은 하나님의 자녀가 되었어도, 여전히 힘든 일들과 고난이 있습니다. 때로는 예수 믿는 것 때문에, 고난이 더 많아질 때도 있습니다.

예수님을 위해서, 은혜받기 위해서 우리도 뭔가 조금은 더 남들보다 손해 보고 남들보다 고난에 참여하는 것이 있어야 하지 않겠습니까. "우리가 소망으로 구원을 얻었으매 보이는 소망이 소망이 아니니 보는 것을 누가 바라리요. 만일 우리가 보지 못하는 것을 바라면 참음으로 기다릴지니라."(롬 8:24-25) 〈소망〉과 〈참음〉, 즉 〈인내〉를 말씀했습니다. 영광을 얻기 위해서는 고난도 피할 수 없습니다. 소망을 품고 인내하면, 지금의 고난이 장차의 영광이 될 것입니다. 그래서 이렇게 말씀했습니다. "우리가 그와 함께 영광을 받기 위하여 고난도 함께 받아야 할 것이니라."(롬 8:17) 고난을 이겨 내야 합니다. 주와 함께 받는 고난을 믿음으로 이겨 내십시오. 현재의 고난은 장차 우리에게 나타날 영광과 비교할 수 없습니다. 하나님께서는 이 고난 너머에 영광스럽고 놀라운 응답의 열매를 예비해 놓고 계십니다.

2) 인내와 소망

성경이 말하는 '소망'은 헬라어로 〈엘피스〉라는 단어입니다. 이것은 막연한 희망과는 다른 것입니다. 확실히 보증해 놓은 것을 소원한다는 말입니다. "소망"이라는 말은 이미 나에게 주시기로 확실하게 보증되어 있는 것을 기대하며 기다린다는 뜻입니다. 막연한 기대감을 가지고 기도하는 것이 아닙니다. 하나님께서 우리에게 주시겠다고 확실하게 보증해 주신 것을 바라고 기도하는 것입니다. 이 땅에서 우리가 여러 가지 건너야 할 어려움들이 있습니다. 아무리 신앙이 좋은 사람이라고 해도 넘어야 할 산이 겹겹이 둘러서 있고 건너야 할 장애물들이 한두 개가 아닙니다. 그러나 그 모든 어려운 고비들이 장차 우리에게 나타날 영광과 비교하면 아무것도 아니라고 했습니다. 그만큼 소망은 크고 엄청나고 확실한 것입니다. 하나님께서 우리의 기도에 응답하십니다. 하나님께서 보증이 되어 주십니다. 오늘도 소망을 품고 믿음으로 기도하십시오. 후회 없는 삶을 사는 것은 참으로 어렵습니다. 하지만 비록 후회 없이 살지 못했다고 해도 괜찮습니다. 중요한 것은 후회의 행동을 거울삼아 다시 반복하지 않는 것입니다. 회개는 돌이켜 더 이상 같은 것을 반복하지 않겠다는 다짐입니다. 우리는 늘 후회할 실수를 저지르곤 하지만, 중요한 것은 다시 다짐하는 것입니다. 이런 질문 해 보신 적이 있으신지 모르겠습니다. "하나님, 말씀대로 사는 것은 이렇게 어렵습니까? 너무 어렵고 힘들어서 이 세상에 발을 딛고 살면서는 정말이지 말씀대로 살 수 없는 것입니까?" 하나님께 항변하고 하소연했던 적도 있을지 모르겠습니다. 그런 분들에게 성경은 분명하게 말씀합니다. "우리가 알거니와 하나님을 사랑하는 자 곧 그의 뜻대로 부르심을 입은 자들에게는 모든 것이 합력하여 선을 이루느니라."(롬 8:28)

3) 합력하여 선을 이루시는 하나님

어려움 없는 인생은 없습니다. 고비가 없는 인생도 없습니다. 절망의 상황을 한두 번 경험하지 않은 사람이 어디 있겠습니까? 고난과 역경 안에는 하나님의 뜻이 숨겨져 있습니다. 배고픈 경험을 한 사람은 배고픈 사람을 잘 이해합니다. 하나님께서는 인생에서 만나는 고난과 역경을 통해서 더 많은 사람을 이해하고 더 많은 사람을 사랑하도록 하십니다. 상처는 아프고 힘든 것이지만, 그것으로 인해 다른 사람을 이해하고 받아들이고, 심지어는 그를 치유하게 하는 힘이 되는 것입니다. 그러므로 지금의 현실을 받아들이십시오. 힘들면 힘든 대로, 아프면 아픈 대로, 슬프면 슬픈 대로, 그 현실 속에서 말씀하시는 하나님의 음성을 들어 보십시오. '이 고난은 훈련이다. 하나님의 자녀 되는 훈련이다. 나는 네가 그 아픔과 상처의 경험을 통해, 다른 사람을 위로하고 껴안아 주기를 바란다.' 우리의 모든 고난과 아픔과 상처들은 하나님의 뜻 안에서 합력하여 선을 이루게 될 것입니다. "하나님을 사랑하는 자 곧 그의 뜻대로 부르심을 입은 자들에게는 모든 것이 합력하여 선을 이루느니라."(롬 8:28)

4
넉넉히 이기는 믿음

　로마서 8장은 놀랍고 확실한 약속의 말씀을 주십니다. "그런즉 이 일에 대하여 우리가 무슨 말 하리요 만일 하나님이 우리를 위하시면 누가 우리를 대적하리요. 자기 아들을 아끼지 아니하시고 우리 모든 사람을 위하여 내주신 이가 어찌 그 아들과 함께 모든 것을 우리에게 주시지 아니하겠느냐. 누가 능히 하나님께서 택하신 자들을 고발하리요 의롭다 하신 이는 하나님이시니. 누가 정죄하리요 죽으실 뿐 아니라 다시 살아나신 이는 그리스도 예수시니 그는 하나님 우편에 계신 자요 우리를 위하여 간구하시는 자시니라."(롬 8:31-34) 하나님께서 우리 편이 되시기 때문에 아무도 우리를 대적할 자가 없다는 말씀입니다. 참으로 귀하고 아름다운 약속의 말씀입니다. 이 놀라운 약속의 말씀들로 인하여, 우리는 모든 상황과 역경과 고난들을 하나님의 은혜와 사랑 안에서 넉넉히 이겨 낼 수 있습니다. 여기서 '만일(if)'이라는 말은 '하나님께서 우리를 위해 주시기 때문에'라는 의미입니다. "하나님이 우리 편이시면, 누가 우리를 대적하겠습니까?"(롬 8:31, 새번역) 하나님께서 우리 편이 되어 주시기 때문에, 이 세상의 어떤 악한 것들도 우리를 대적할 수 없습니다. 우리를 해치려는 원수가 많고 마귀가 우는 사자같이 삼키려고 다닐지라도 전능하신 하나님께서 우리 편이 되시는 한, 아무도 우리를 대적할 수 없습니다.

하늘과 땅의 모든 권세를 가지신 주님께서 '세상 끝날까지 항상 너희와 함께하겠다'고 말씀하셨습니다. 다윗은 자기의 체험을 통하여 얻은 신앙을 이렇게 고백했습니다. "내가 사망의 음침한 골짜기로 다닐지라도 해를 두려워하지 않을 것은 주께서 나와 함께 하심이라." (시 23:4) "내가 하나님을 의지하였은즉 두려워하지 아니하리니 사람이 내게 어찌하리이까."(시 56:11) "여호와는 나의 빛이요 나의 구원이시니 내가 누구를 두려워하리요 여호와는 내 생명의 능력이시니 내가 누구를 무서워하리요."(시 27:1) 원수가 없다는 것이 아니라, 대적하는 자가 있어도 하나님께서 내 편에 계시니 두려워할 필요가 없다는 말씀입니다. 어떤 힘이라도 하나님의 팔을 대적할 수는 없습니다. 하나님께서 내 편에 계시니 아무도 대적하여 나를 이길 수 없음을 믿으시기 바랍니다. 우리가 참으로 예수 그리스도를 나의 구주로 믿고 하나님의 백성이 된 것을 믿는다면 두려워하거나 놀라거나 낙심할 필요가 없습니다. 하나님께서 내 편이 되시므로 아무도 우리를 대적할 자가 없습니다. "두려워하지 말라 내가 너와 함께 함이니라 놀라지 말라 나는 네 하나님께서 됨이라 내가 너를 굳세게 하리라 참으로 너를 도와주리라 참으로 나의 의로운 오른손으로 너를 붙들리라."(사 41:10)

"모든 것을 우리에게 주시지 아니하겠느냐."(롬 8:32) 하나님께서는 우리 죄인들을 구원하시려고 독생자까지도 희생 제물로 내어주셨습니다. 그러므로 예수 그리스도를 나의 구주로 믿고 영생을 얻어 하나님의 자녀가 된 사람은 하나님께서 아버지가 되셔서 우리에게 필요한 모든 것을 다 주시겠다고 보장하셨습니다. 하나님께서는 우리에게 정말 필요하고 유익한 것은 때가 되면 반드시 주시는 분입니다. "나의 하나님께서 그리스도 예수 안에서 영광 가운데 그 풍성한 대로 너희 모든 쓸 것을 채우시리라."(빌 4:19) "하나님께서 능히 모든 은혜를 너희에게 넘치게 하시나니."(고후 9:8) 독생자를 아낌없이 내어주셔서 우리를 구원하신 하나님께서 그 아들과 함께 우리에게 꼭 필요한 모든 것을 반드시 채워 주실 것입니다.

"누가 능히 하나님의 택하신 자들을 고발하리요."(롬 8:33) 심판주가 되시는 하나님께서 의롭다고 하시는데 누가 고발할 것입니까? 양심의 가책이나 죄책감이 더 이상 우리를 괴롭히지 못합니다. 사탄은 계속해서 우리가 죄의식과 죄책감을 가지게 해서 공격하고, 하나님과 멀어지게 하려고 합니다. 그러나 하나님께서는 우리를 의롭다고 하시고 우리의 모든 허물을 용서했다고 선언하십니다. 더 이상 죄의식에 싸여 고민하지 말고, 모든 죄책감에서 해방을 얻으시기를 바랍니다. 회개하고 자복하고 나서도 계속 양심에 가책이 오는 것은 사탄이 주는 것입니다. 하나님께서 우리에게 용서를 주셨고, 우리의 모든 죄 문제를 해결해 주셨음을 믿으십시오. "우리가 아직 죄인 되었을 때에 그리스도께서 우리를 위하여 죽으심으로 하나님께서 우리에 대한 자기의 사랑을 확증하셨느니라."(롬 5:8)

"누가 정죄하리요."(롬 8:34) 죄책감으로 고민하던 사도 바울이 믿음으로 의롭다 하심을 얻는 진리를 깨달은 후에 로마서 8장 1~2절에서 이렇게 선포했습니다. "그러므로 이제 그리스도 예수 안에 있는 자에게는 결코 정죄함이 없나니. 이는 그리스도 예수 안에 있는 생명의 성령의 법이 죄와 사망의 법에서 너를 해방하였음이라."(롬 8:1-2) 하나님께서 우리를 위하십니다. 그러므로 누가 우리를 대적하겠습니까! 우리를 천하보다 더 사랑하시는 하나님께서 모든 것을 우리에게 주시지 아니하시겠습니까! 누가 능히 하나님의 택하신 자들을 고발하겠습니까! 예수께서 내 죄를 대신하여 피 흘려 돌아가셨는데 누가 우리를 정죄하겠습니까? 우리는 이 모든 일에 우리를 사랑하시는 이로 말미암아 넉넉히 이길 수 있습니다.

5
완전한 승리

　로마서 8장 35~39절 말씀은 〈승리의 찬송〉 또는 〈승리의 찬가〉라고 부릅니다. 우리가 영적인 싸움에서 완전한 승리를 얻을 것을 노래하는 찬송이라는 뜻입니다. 성도들의 삶은 어떤 의미에서, 사탄과의 영적인 전쟁을 치르면서 살아가는 것입니다. 전에는 우리가 우리 인간의 연약함과 죄로 인해서, 사탄에게 패하여 포로가 되고, 뼈저린 고통을 맛보았지만, 이제는 하나님의 사랑과 예수 그리스도의 십자가의 능력으로 순식간에 전세가 바뀌었습니다. 이제는 사탄이 패하여 도망갑니다. 믿음의 〈확신〉이 우리를 승리하게 하는 힘이 됩니다. "누가 우리를 그리스도의 사랑에서 끊으리요."(롬 8:35) 세상 그 어떤 것도 그리스도의 사랑에서 우리를 끊을 수 없다고 했습니다. 얼마나 놀랍고 벅찬 말씀입니까! "내가 확신하노니 사망이나 생명이나 천사들이나 권세자들이나 현재 일이나 장래 일이나 능력이나. 높음이나 깊음이나 다른 어떤 피조물이라도 우리를 우리 주 그리스도 예수 안에 있는 하나님의 사랑에서 끊을 수 없으리라."(롬 8:38-39)
　확고부동하여 흔들리지 않는 믿음을 '확신'이라고 합니다. 우리는 믿음의 확신을 가지고 살아가야 합니다. 믿음의 확신에는 세 가지의 확신이 포함되어 있습니다. ①예수 그리스도로 인하여 반드시 구원을 얻으리라는 구원의 확신, ②그리스도 안에서 반드시 이기리라는 승리의 확신, ③주님은 언제나 나를 사랑하시고 함께하신다는 사랑의 확신, 이 세 가지 확신만 분명하면 우리는 이 세상을 두려움 없이 담대하게 승리하며 살아갈 수 있습니다. 구원의 확신이 있는 사람은 사탄의 세력을 정복하고 승리합니다. 승리의 확신이 있는 사람은 온갖 죄를 이길 수 있는 능력을 갖게 됩니다. 사랑의 확신이 있는 사람은 모든 염려와 불안을 이겨 낼 수 있습니다. "이 모든 일에 우리를 사랑하시는 이로 말미암아 우리가 넉넉히 이기느니라."(롬 8:37) 확신이 없는 사람은 아무것도 할 수 없습니다. 우리의 신앙생활에 활력이 없고, 발전이 없고, 의욕이 없는 것은 확신이 부족하기 때문입니다. 구원의 확신, 승리의 확신, 사랑의 확신. 우리는 이러한 믿음의 확신 위에 굳건하게 서야 합니다. 이러한 확신이야말로 우리들의 삶의 에너지입니다.

사탄의 세력을 그저 이긴다는 정도가 아닙니다. "이 모든 일에 우리를 사랑하시는 이로 말미암아 넉넉히 이기느니라."(롬 8:37) 우리의 승리는 겨우겨우 이기는 것이 아니라, 넉넉하게 이기는 완전한 승리입니다. 예수님이 이미 십자가에서 사탄의 세력을 완전히 정복하셨기 때문입니다. 그리스도 안에 있는 사람에게는 실패는 있을지라도 절망은 없습니다. 아무리 어려운 일을 만나도 믿음의 확신 위에 서면, 반드시 회복되어 승리할 수 있습니다.

하나님께서는 창세기 3장에서부터 이미 우리가 결국에는 승리하게 될 것이라고 예언을 해 놓으셨습니다. "내가 너로 여자와 원수가 되게 하고 네 후손도 여자의 후손과 원수가 되게 하리니 여자의 후손은 네 머리를 상하게 할 것이요 너는 그의 발꿈치를 상하게 할 것이니라."(창 3:15) 우리는 그 예언이 우리 눈앞에서 성취되는 것을 보게 될 것입니다. "그러나 이 모든 일에 우리를 사랑하시는 이로 말미암아 우리가 넉넉히 이기느니라."(롬 8:37) 세상에는 신앙의 방해 거리가 많고 환난과 낙심거리가 많이 있지만, 하나님께서 사랑하시는 사람, 확신 가운데 거하는 사람은 결코 패배하지 않습니다. 반드시 승리합니다. 때로는 몸의 질병 때문에 힘이 들 것입니다. 그러나 절대로 낙심하지 마십시오. 주님이 함께하십니다. 때로는 사업의 어려움 때문에 힘들고 답답할 것입니다. 그러나 절대로 낙심하지 마십시오. 주께서 가장 합당한 바로 그때에, 반드시 해결해 주십니다. 때로는 남편의 문제, 아내의 문제, 자녀의 문제, 고부간의 갈등 문제, 교우들 간의 다툼, 이런 문제들 때문에 지치고 힘이 드십니까? 사탄은 이런 일들을 가지고 우리를 시험에 들게 하고, 낙심하게 만들려고 합니다. 그럴 때일수록 예수 그리스도 안에서 승리의 확신을 가지십시오. 하나님께서 사랑하시는 사람은 결코 패배하지 않고 결코 망하게 내버려두지 않으신다는 확신을 가지십시오.

고린도전서 15장에서는 이렇게 말씀합니다. "우리 주 예수 그리스도로 말미암아 우리에게 승리를 주시는 하나님께 감사하노니. 그러므로 내 사랑하는 형제들아 견실하며 흔들리지 말고 항상 주의 일에 더욱 힘쓰는 자들이 되라 이는 너희 수고가 주 안에서 헛되지 않은 줄 앎이라."(고전 15:57-58) 믿음의 수고는 결코 헛되지 않습니다. 그러기 위해서 두 가지를 기억하십시오. 첫째, 항상 하나님께서 우리 편에 계신다는 사실을 꼭 기억하십시오. 하나님을 사랑하는 사람에게, 하나님과 교제하는 사람에게, 하나님의 말씀에 순종하는 사람에게, 하나님께서는 반드시 함께하십니다. 둘째, 그리스도 안에 있는 영적 승리가 너무나도 확실하기 때문에, 우리는 절대로 이 세상을 두려워할 필요가 없다는 사실을 기억하시기 바랍니다. "너희 안에서 착한 일을 시작하신 이가 그리스도 예수의 날까지 이루실 줄을 우리는 확신하노라."(빌 1:6) 하나님께서 이루십니다. 그것이 하나님의 약속입니다. 하나님께서 우리의 승리를 끝까지 책임지십니다. 무슨 일을 만나든지 하나님의 자녀로서 당당하게 살아가십시오.

6
영을 따라 사는 삶

1) 죄의 본성

우리는 하나님을 믿고 있고, 하나님의 뜻대로 살기를 원합니다. 내 마음으로는 하나님께서 원하시는 선한 일을 행하며 살고 싶습니다. 그런데, 그게 잘 안됩니다. 그러니 문제입니다. "내가 원하는 바 선은 행하지 아니하고 도리어 원하지 아니하는 바 악을 행하는도다."(롬 7:19) 왜 그럴까요? 하나님 뜻대로 살고 싶은데, 왜 그렇게 되지 않고 자꾸만 죄와 악을 행하게 되는 것일까요? 성경의 답은 '원래 그렇다'는 것입니다. 예수 그리스도를 구주로 받아들임으로 우리는 천국의 예비된 백성이 되었지만, 아직은 여전히 연약하고 우리의 죄악된 본성은 여전히 살아 있기 때문입니다. 그것은 이상한 것이 아니고, 그게 정상입니다. "그러므로 내가 한 법을 깨달았노니 곧 선을 행하기 원하는 나에게 악이 함께 있는 것이로다."(롬 7:21) 우리 안에 악한 본성이 여전히 남아 있습니다. 그러니 이걸 어떻게 합니까? 내 속사람은 하나님의 법을 즐거워하는데, 내 안에 또 다른 악한 법이 있어 나의 마음과 생각을 나쁜 쪽으로 끌고 들어갑니다. "내 속사람으로는 하나님의 법을 즐거워하되 내 지체 속에서 한 다른 법이 내 마음의 법과 싸워 내 지체 속에 있는 죄의 법으로 나를 사로잡는 것을 보는도다."(롬 7:22-23) 이것이 인간의 솔직

한 고백입니다. 이것은 정말 괴로운 일이요, 힘든 싸움입니다. 외부의 적과의 싸움이 아니라, 나 자신과의 싸움이요, 내 속에 있는 '죄의 법'과의 싸움입니다. 우리 자신의 힘만으로는 그것을 이길 수 없습니다. 아무리 이겨 내려고 해도 죄의 본성을 이겨 낼 수가 없습니다. 자꾸만 죄를 짓고, 죄악된 생각들을 합니다. 끊임없이 미움과 질투와 혈기가 우리를 사로잡습니다. 그래서 이렇게 고백합니다. "오호라 나는 곤고한 사람이로다 이 사망의 몸에서 누가 나를 건져내랴."(롬 7:24) 정말 힘들고 지치고 피곤합니다. 이 죽을 죄의 몸에서 누가 나를 건져 내겠습니까. 우리 힘으로는 할 수 없습니다. 내가 아무리 발버둥을 치고 선한 마음과 선한 의지로 결심을 한다 해도, 우리는 이 죄의 본성을 이겨 낼 수 없습니다. 그러면 내가 할 일은 무엇입니까. 이를 악물고 결심을 하고, 선하게 살겠다고 두 주먹을 불끈 쥐는 것으로는 성공할 수 없습니다. 인간은 원래 할 수 없는 존재이기 때문입니다.

2) 내 마음을 아시는 하나님

성경 말씀이 우리에게 요구하는 것은, 두 주먹을 불끈 쥐고 잘할 수 있다고 결심하기보다는, 오히려 자신의 죄악되고 연약한 모습을 하나님 앞에 내어놓고 인정하고 그냥 하나님께 맡기라는 것입니다. 내가 비록 육신으로는 죄의 법을 이기지 못하지만, 그래도 하나님께서 내 마음을 아시고 나를 받아 주십니다. "내가 비록 죄악되고 어리석고 연약하지만, 그래도 하나님을 향한 내 마음만은 진실됩니다. 내 마음 중심에는 하나님의 법을 사랑합니다." 이것이 신앙입니다. "너희는 그 은혜에 의하여 믿음으로 말미암아 구원을 받았으니 이것은 너희에게서 난 것이 아니요 하나님의 선물이라. 행위에서 난 것이 아니니 이는 누구든지 자랑하지 못하게 함이라."(엡 2:8-9) 내가 비록 부족해도 하나님께서는 내 마음을 알아주신다는 믿음, 부족하고 못나도 하나님께서 받아 주시고, 내 모습 이대로 인정해 주시고, 은혜와 평강을 베풀어 주신다는 사실, 나의 부족한 모습에도 불구하고 하나님께서는 나를 통하여 일하시고, 나의 기도를 들어 응답해 주신다는 이 놀라운 비밀을 깨닫는 것입니다. 그렇기 때문에 "우리 주 예수 그리스도로 말미암아 하나님께 감사하리로다."(롬 7:25) 하고 고백합니다.

예수 그리스도로 말미암아 하나님께서 우리를 이 모습 이대로 받아 주셨습니다. 내가 비록 부족해도 하나님께서는 내 마음을 알아주시고, 우리가 비록 나의 부족하고 못나고 죄악 중에 있다 할지라도 하나님께서는 우리를 통하여 일하시고, 우리의 기도를 들어 응답해 주십니다. 그래서 이 고백이 나오는 것입니다. "우리 주 예수 그리스도로 말미암아 하나님께 감사하리로다."(롬 7:25) 방금 전까지 24절에서 "오호라 나는 곤고한 사람이로다 이 사망의 몸에서 누가 나를 건져내랴."(롬 7:24) 해 놓고는 이어지는 25절에서는 그럼에도 불구하고의 엄청난 반전을 보여 주었습니다. "우리 주 예수 그리스도로 말미암아 하나님께 감사하리로다 그런즉 내 자신이 마음으로는 하나님의 법을 육신으로는 죄의 법을 섬기노라."(롬 7:25) 내가 여전히 죄 가운데 있음에도 불구하고 하나님께서는 그 모습 그대로의 나를 받아 주시고, 죄의 모습을 품은 우리 모습 있는 그대로를 사용하셔서 일하신다는 것입니다. 우리의 육신으로는 죄의 법을 벗어나지 못했는데도 예수 그리스도 덕분에 하나님께서 우리의 마음을 알아주시고 함께해 주시며 우리를 통해 일하십니다. 우리의 모습이 어떠하든지 간에 하나님께서 우리 편, 내 편이라는 사실을 믿음으로 고백하시기 바랍니다. 하나님께서 함께하십니다.

3) 영의 새로운 것으로

우리는 영의 새로운 것으로 살아가며, 영의 새로운 것으로 하나님을 섬기는 사람들입니다. "우리가 영의 새로운 것으로 섬길 것이요 율법 조문의 묵은 것으로 아니할지니라."(롬 7:6) 영의 새로운 것이 무엇입니까? 인간의 〈열심〉이 아닙니다. 인간의 열심보다 훨씬 중요한 것은 〈기쁨〉과 〈소망〉입니다. 〈하나님께서 함께하시고 이루신다는 믿음〉입니다. 우리는 율법이나 인간적인 열심히 아니라, 영의 새로운 것으로 '기쁨'과 '소망'을 품고 하나님을 섬겨야 합니다. 그러려면 어떻게 해야 하겠습니까? 성령의 인도하심을 받아야 합니다. 성령님은 우리를 날마다 새롭게 하는 분이십니다. 성령님은 날마다 우리의 꿈과 비전을 새롭게 하시고, 새 은혜, 새 기쁨, 새 소망을 더해 주시고, 우리를 새 사람으로 만들어 주시는 분이십니다. 성령님을 사모해야 합니다. 성령님을 모셔 들이고, 성령님을 기뻐하고, 성령님과 함께해야 합니다. "성령님 사모합니다. 성령님 환영합니다. 성령님 기뻐합니다. 성령님 오시옵소서." 이렇게 성령님을 사모하고, 환영하고, 기뻐하고, 초청하면 성령님께서 우리 안에 찾아오셔서, 온갖 좋은 선물들을 베풀어 주십니다.

로마서 8장 3~4절은 이렇게 선포했습니다. "율법이 육신으로 말미암아 연약하여 할 수 없는 그것을 하나님은 하시나니 … 육신을 따르지 않고 그 영을 따라 행하는 우리에게 율법의 요구가 이루어지게 하려 하심이니라."(롬 8:3-4) '육신을 따르는 자'와 '영을 따르는 자'를 구분했습니다. 육신을 따른다는 것은 자기 열심만 따라다니는 사람입니다. 우리 중에도 육신을 따르는 사람이 있고 영을 따르는 사람이 있습니다. 예수를 믿는다고 하면서도 영의 생각을 따르지 못하고 자꾸만 자기 바벨탑을 쌓아 올리는 경우도 적지 않습니다. 우리는 영의 생각을 따라 살아야 합니다. 하나님께 맡기지 못하고 내가 모든 문제와 고민을 끌어안고 끙끙거리는 사람은 육신을 따르는 사람, 육신의 일을 생각하는 사람입니다. 내가 뭔가를 할 수 있다고 믿고, 내가 해 보려고 끙끙대는 사람은 결국은 실패와 멸망으로 떨어질 수밖에 없습니다. "육신의 생각은 사망이요 영의 생각은 생명과 평안"(롬 8:6)입니다. 참된 생명과 평안은 영을 따라 살아갈 때 주시는 선물입니다. 하나님께서 여러분과 함께하십니다. 이것을 믿고 확신하는 것이 영에 속한 생각이요 영에 속한 사람입니다. 우리의 모습이 어떠하든지 간에 하나님께서 우리 편, 내 편이라는 사실을 믿음으로 고백하시기 바랍니다.

우리가 진정으로 하나님을 기쁘시게 하고, 축복된 삶을 살아가려면, 열심히 하겠다거나 잘해 보려고 이를 악물고 노력하는 것도 중요하지만, 그것이 육신적이고 인간적인 노력이 되지 않도록 해야 합니다. 그것보다 더 하나님을 기쁘시게 하는 것은 영적인 방법을 따르는 영적인 사람이 되는 것입니다. 하나님께 맡길 줄 아는 것입니다. 하나님께서 다 해 주실 줄 믿고, 그냥 하나님께 맡겨 버리고, 기쁨과 소망을 누리는 것입니다. 하나님께 다 맡기십시오. 나의 연약함도 하나님께 맡기고, 나의 악한 본성과 나의 죄악들도 모두 하나님께 맡겨 버리십시오. 가정의 문제, 건강의 문제, 생업의 문제, 불안함의 문제, 모든 문제들을 주께 맡기고 내려놓으십시오. 하나님께서 일하십니다. "너희는 두려워하지 말고 가만히 서서 여호와께서 오늘날 너희를 위하여 행하시는 구원을 보라 … 여호와께서 너희를 위하여 싸우시리니 너희는 가만히 있을지니라."(출 14:13-14) 영을 따르는 자에게는 하나님께서 일하시고, 하나님께서 응답하십니다. 하나님께서 우리의 모든 마음의 소원을 들으시고 응답하여 주십니다.

제4장

성도의 영적인 생활

1
영성이란?

교회 생활에서 가장 중요한 것은 영적인 삶을 사는 것입니다. "육신을 따르는 자는 육신의 일을, 영을 따르는 자는 영의 일을 생각하나니 육신의 생각은 사망이요 영의 생각은 생명과 평안이니라."(롬 8:5-6) 영적인 삶을 살면 생명과 평안을 누릴 수 있습니다. 영적인 삶을 살아가는 힘을 '영성'이라고 부릅니다.

인간은 하나님의 형상을 닮은 피조물로서 원래부터 영적인 존재입니다. 이 말은 본능적으로 하나님께 의존하며 하나님을 갈망하게 되어 있다는 뜻입니다. 젖먹이 아기가 부모를 의존하며 갈망하듯이 그렇게 하나님을 갈망하고 하나님과 함께 살아가려는 태도가 곧 영성입니다. 하나님께서 우리 속에 하나님과 영원한 삶을 갈망하는 마음을 심어 놓으셨습니다. "하나님이 모든 것을 지으시되 때를 따라 아름답게 하셨고 또 사람들에게는 영원을 사모하는 마음을 주셨느니라."(전 3:11) 참된 영성이란 인간이라면 누구나 다 가지고 있는, 하나님을 찾고 영원을 사모하는 본능이며, 우리의 주인이신 하나님의 뜻을 따라서 하나님과 동행하며, 하나님과 함께 살아가려는 태도입니다. 기독교 영성은 한마디로 하나님으로 시작해서 하나님과의 관계 속에서 하나님과 함께 살아가는 것입니다. 그래서 그리스도인의 영성이란 ①예수님을 바라보며 집중하는 가운데 ②성령의 인도를 받아 ③하나님의 형상을 회복하며 거룩하게 살아가려는 영적인 생활 태도입니다.

2
성경과 영성

　우리는 성경 속에서 우리 가운데 역사하시는 하나님을 신비스럽게 만날 수 있습니다. 하나님께서는 인간의 언어를 초월해 계시면서도, 성경을 통해서 영적인 말씀으로 임재하십니다. 신앙인은 성경을 통해서, 살아 계시고 참되신 하나님을 만나야 합니다. 성경은 우리가 읽고 묵상하는 책일 뿐만 아니라, 체험하고 실천해야 하는 책입니다. 성경은 지식이나 정보를 위한 책이 아니라 변화를 위한 책입니다. 영성 생활에서 가장 중요한 것은 지속적으로 성경을 읽고 묵상하는 것입니다. 성경 읽기는 기독교 영성 생활의 핵심이 됩니다. 우리가 성경 말씀에 집중하면 할수록 세상사의 걱정거리로부터 조금씩 멀어지게 됩니다. 하나님의 말씀에 붙잡힌 때가 가장 행복한 시간이 될 것입니다. "주 여호와께서 학자들의 혀를 내게 주사 나로 곤고한 자를 말로 어떻게 도와 줄 줄을 알게 하시고 아침마다 깨우치시되 나의 귀를 깨우치사 학자들 같이 알아듣게 하시도다."(사 50:4)

　영적으로 늘 깨어 있기 위해서는 지속적으로 성경을 읽고 묵상해야 합니다. 성경 읽기는 기독교 영성 생활의 핵심이 됩니다. 말씀 안에서 하나님을 인격적으로 만나십시오. 지식과 정보를 얻기 위해 성경을 읽는 것이 아니라 하나님과의 깊은 만남을 위해서 성경을 읽어야 합니다. 성경 말씀 안에서 살아갈 때, 거대한 세상의 파도에 휩쓸리지 않고 인생을 올바르고 풍요롭게 살 수 있습니다. 성경 말씀을 암송하면, 우리 생각과 마음속에 들어 있는 온갖 복잡한 세상의 잡동사니에서 벗어나는 힘이 생기게 됩니다.

3
임재 체험

  하나님을 단순히 아는 것과 하나님 임재를 체험하는 것은 완전히 다릅니다. 꽃이 얼마나 향기로운지 아는 것과 꽃향기를 직접 맡아 보고 체험하는 것이 다른 것과 같습니다. 하나님을 자주 생각하십시오. 낮에도, 밤에도, 일할 때도, 놀이 중에도 하나님께서는 언제나 가까이 계시며 함께하고 계십니다. 성도는 하나님의 임재 안에 살아가는 사람입니다. 사실상 하나님께서는 언제나 우리와 함께 계시고, 우리가 하나님으로부터 피할 수는 없습니다. 임재 체험이 그렇습니다. 우리가 하나님을 잊어버리는 것은 상대방이 눈앞에 있는데도, 삶의 긴장과 압박 속에서 당장 해야 할 급한 일에 몰두한 나머지 바로 앞에 있는 상대방의 존재를 잊고 사는 것과 같은 이치입니다. 하나님 임재 체험 훈련은 우리 영혼이 하나님께 대해 늘 깨어 있기 위한 영성 생활 훈련입니다. 평범한 일상생활 중에서도 하나님의 임재를 체험하는 영성 생활을 실천하십시오. 하나님 임재 체험은 영성 생활에 있어서 기초입니다. 하나님의 임재 체험은 매 순간 하나님의 섭리와 인도하심을 발견하고, 하나님의 눈으로 세상과 주변을 바라보는 것입니다. 그래서 하나님의 신비로움을 느끼고, 그 신비 속에서 하나님을 찬양하는 것입니다.

  예수님께서는 늘 하나님의 임재 가운데 사셨습니다. "나를 보내신

이가 나와 함께 하시도다. 나는 항상 그가 기뻐하시는 일을 행하므로 나를 혼자 두지 아니하셨느니라."(요 8:29) 우리는 살아 계신 하나님을 온몸으로 느끼며 인격적으로 사귀며 체험할 수 있어야 합니다. 하나님의 임재를 체험할 때, 주위 세상이 더욱 아름답게 보입니다. 하나님의 임재를 체험하는 그리스도인은 하루를 시작할 때 하나님을 떠올리고, 하나님께서 삶을 어떻게 인도하실지 기대하며 하루를 시작합니다. 하나님께서 함께하신다는 기대감으로 하루를 시작하십시오. 그것이 임재를 날마다 체험하며 살아가는 최고의 방법입니다.

4
기도 생활

　영성 생활은 기도를 중심으로 이루어집니다. 영성 생활은 기도 생활이라고 해도 과언이 아닙니다. 성경은 쉬지 말고 기도하라고 가르쳐 주십니다. 즉 기도를 생활화하라는 뜻입니다. 기도는 하나님의 임재 안에서 살아가는 삶의 방식입니다. 하나님의 임재를 체험하면서 참된 안식과 마음의 평화를 얻으십시오. 기도하지 않으면 자신도 모르게 자꾸 염려를 하게 됩니다. 기도의 생활화가 안 되면 염려가 생활화됩니다. 기도를 하시겠습니까? 염려를 하시겠습니까? "아무 것도 염려하지 말고 모든 일에 기도와 간구로, 너희 구할 것을 감사함으로 하나님께 아뢰라."(빌 4:6) 걱정과 염려는 삶의 기쁨과 활기를 잃게 하고 마음의 평화를 빼앗아 갑니다. 기도하지 않으면, 온갖 염려를 늘 달고 살게 됩니다. 심지어 걱정거리가 없으면 걱정거리가 없다고 걱정합니다. 염려란 하나님께 문제를 맡기지 않고 불안해하며 초조해하는 태도를 말합니다. 하나님 앞에 엎드리지 않고 혼자서 걱정하는 태도, 그것이 바로 염려입니다. 염려와 불안, 상처와 아픔을 기도로 바꾸십시오. 하나님의 위로와 치유의 손길에 반응하십시오.
　쉬지 말고 기도하라는 말씀을 실천하게 하는 것은 '화살기도'입니다. 전통적으로 많은 그리스도인들이 화살기도를 통해 기도를 생활화했습니다. 여러분은 간단한 화살기도를 통해서 위대한 삶의 변화를 체험하게 될 것입니다. 잠자리에서 일어날 때, 그리고 샤워할 때도, 옷 입을 때도, 쇼핑할 때도. 심지어 화장실에서도 우리는 간략한 화살기도를 할 수 있습니다. 기도 제목을 기억하고 입으로 조그맣게 소리를 내어 말하는 것만으로도 충분히 기도를 드릴 수 있습니다.

5
우울증의 치유

감기가 누구에게나 오는 것처럼 우울증도 누구에게나 올 수 있습니다. 신실한 그리스도인들도 우울증에 걸릴 수 있습니다. 심지어 성경의 인물들도 우울증 증세를 경험했습니다. 욥과 예레미야는 자신이 태어난 날을 저주하며 사는 것을 포기할 정도로 심각한 우울증을 겪었습니다. 고난이 오랜 시간 지속될 때 우울증에 시달릴 수 있습니다. 우울증에 대한 대비책과 치유의 방법은 다음과 같습니다.

1) 먼저 자신이 우울증에 걸렸다는 사실을 인정해야 합니다. 영적으로 잘못되지 않았음에도 불구하고 체질 또는 환경적으로 우울증이 올 수도 있습니다. 우울증의 원인이 어디에 있는지 판별하십시오. 우울증은 그 유형별로 치유의 길이 다릅니다.
2) 가능한 한 혼자 있지 마십시오. 우울증에 빠져 있는 사람은 사람을 피해 혼자 있고 싶어 합니다. 당신에게 기쁨을 가져다주는 친구나 환경을 찾으십시오.
3) 다른 사람에게 도움을 구하십시오. 우울증 환자들에게는 경청, 이해, 공감, 사랑, 격려 등이 필요합니다. 충고, 면박, 비판, 죄책감 등은 금물입니다.
4) 하나님의 말씀을 묵상하며, 소리 내어 암송하십시오. "그리스도의

평강이 너희 마음을 주장하게 하라 너희는 평강을 위하여 한 몸으로 부르심을 받았나니 너희는 또한 감사하는 자가 되라. 그리스도의 말씀이 너희 속에 풍성히 거하여 모든 지혜로 피차 가르치며 권면하고 시와 찬송과 신령한 노래를 부르며 감사하는 마음으로 하나님을 찬양하고."(골 3:15-16) 또한 찬양을 듣고, 시편을 반복적으로 소리를 내어 읽으십시오. 악신이 사울을 번뇌하게 했을 때 다윗이 수금을 연주하며 하나님을 찬양했을 때 악신이 떠남으로 상쾌한 감정을 회복했습니다(삼상 16:23).

5) 감사의 말을 자주 하십시오. 하나님의 임재를 느끼며 감사하십시오. 일상생활 중에 작고 사소한 것에도 감사하십시오. 시련 중에서도 감사의 조건을 찾으십시오. 시련을 주신 하나님께 감사할 때 시련이 축복으로 변하기 시작할 것입니다.

6) 하나님의 도우심을 바라보며 하나님의 품에서 충분한 휴식을 취하십시오. 모든 것을 주님께 맡겨 버리십시오. 주님은 우리의 연약한 것을 친히 담당하셨습니다(마 8:17). 주님은 휴식의 중요성을 아시는 분이십니다. 성령님께서 우리의 상담자가 되셔서 우리의 문제가 무엇인가 알게 하시며, 또한 그 문제가 무엇이며 그 문제가 완전히 치유될 때까지 성령께 인도해 주실 것을 부탁하십시오. "이와 같이 성령도 우리의 연약함을 도우시나니."(롬 8:26)

7) 치유의 씨앗 - 우리가 마음을 하나님께 집중하고 하나님의 임재를 느끼며 마음의 평화를 얻으면 치유의 씨앗이 발생합니다. 치유의 씨앗이 싹 트고 자라나서 혼란한 우리 마음을 고요하게 하고 지친 몸을 회복시키고 우울한 마음에 생기를 불어넣어 활기를 되찾게 할 것입니다. 이 씨앗에는 삶에 즐거움을 주고 생기를 불어넣는 놀라운 힘이 들어 있습니다.

6
몸과 마음과 영성

어떻게 하면 몸과 마음이 서로 조화를 이루며 건강하게 살아갈 수 있겠습니까? 몸과 마음은 하나님께서 만드신 세밀한 작품으로서 서로 깊숙이 연관되어 있습니다. 심리적 안정과 긍정적인 생각은 우리의 몸의 건강을 유지하는 가장 기본적인 바탕입니다. 마음이 안정적이고 긍정적인 상태가 되면 벌써 몸이 가벼워집니다. 일도 자발적으로 신바람 나서 일하면 피곤하지 않지만, 의무적으로 억지로 일하면 피곤합니다. 이것은 현대 과학도 아직 밝히지 못하고 있는 신비입니다. 병이 생기는 원리도 그렇습니다. 모든 것이 순조롭게 진행되어 마음이 기쁠 때는 질병이 잘 발생하지 않지만, 스트레스와 우울증이 있을 때는 면역성이 약화되면서 질병이 발생하기가 쉬운 것입니다. 항상 긍정적인 생각을 하면서 마음을 편하게 하십시오. 아무리 급하게 돌아가는 세상이라 할지라도, 여유를 갖는다면 몸의 평안과 더불어 마음의 평안까지 얻을 수 있습니다.

여러분의 몸을 '성전'으로 관리하십시오. 제사장이 성전을 관리하듯 우리의 몸을 관리하는 데에도 성의를 다해야 합니다. 우리의 몸은 단순히 어떤 일을 하기 위한 도구가 아니라, 우리 몸 자체가 하나님의 소중한 성령의 전인 것을 잊지 마십시오. 사람들을 만나거나 회의를 시작할 때 우선 차를 권해 보십시오. 차를 마실 때, 차의 맛을 음미하고 차 마시는 것이 좋습니다. 그렇게 몸과 마음을 차분히 가라앉히고 마음의 평화를 가집니다. 해야 할 일이 쌓여 있다 해도, 서두르지 말고 차 한 잔의 여유를 즐길 수 있어야 합니다.

7
기쁨과 영성

성경은 쾌락에 대해서는 경고하지만, 기쁨은 강조합니다. "주 안에서 항상 기뻐하라 내가 다시 말하노니 기뻐하라."(빌 4:4) 기쁨은 마음을 열어 주고 삶을 새롭게 하는 영성 생활입니다. 영성의 훈련은 고행(苦行)에만 있는 것이 아닙니다. 참된 기독교적 영성 생활은 오히려 기쁨의 생활입니다. 기쁨은 우리의 삶에 활력을 불어넣으며, 창조력의 원동력이 됩니다. 기쁨이 없이는 무슨 일이든 오래 지속할 수가 없습니다. 기쁨은 성령의 열매 가운데 하나입니다(갈 5:22). 영성 생활의 핵심 가운데 하나가 기뻐하는 생활입니다(빌 4:4). "이 날은 우리 주의 성일이니 근심하지 말라 여호와로 인하여 기뻐하는 것이 너희의 힘이니라."(느 8:10) 그리스도인은 항상 기뻐하는 존재입니다. 도저히 기뻐할 수 없는 상황에서도 기뻐하는 자가 그리스도인입니다. 이것이 신앙의 놀라운 비밀이요 능력이요 매력이요 하나님의 축복입니다. 경건하게 살려고 애쓰는 사람들이 삶의 모든 부분에서 엄격하고 진지하게만 임하려고 하는 경우를 자주 보게 됩니다. 그것은 잘못된 것입니다. 진정으로 경건한 사람은 활기가 있고, 유쾌하고 재미있고 부드러운 사람입니다. 융통성이 있고 자유함이 있는 사람, 더 나아가 모든 사람에게 즐거움과 유쾌함을 주는 사람이 되어야 합니다. 긴장감과 염려로 가득 찬 현대인들은 '하나님의 축복으로 자연스럽게 발생

되는 기쁨'을 잃어 가고 있습니다. 영성 생활은 엄숙하기만 한 것이 아닙니다. 참된 경건의 삶은 실제로는 4쾌(유쾌, 통쾌, 상쾌, 명쾌)합니다. 우리 그리스도인들의 두 눈과 온몸은 늘 기쁨으로 빛나야 합니다.

8
감사와 영성

영성 생활은 범사에 감사하는 삶입니다. 잘되기 때문에 감사하는 것이 아니라, 하나님의 존재와 섭리를 믿고 매사에 감사하게 됩니다. 그리스도인은 살아 계신 하나님께서 항상 우리와 함께하시고, 눈동자처럼 보호하시고, 선하게 인도하실 줄로 믿고 확신하기에 늘 감사하게 되는 것입니다. "여호와께 감사하라 그는 선하시며 그 인자하심이 영원함이로다."(시 136:1) 그리스도인은 어떠한 상황에서도 감사할 수 있어야 합니다. 어려움에 처해 있어도 감사의 조건을 찾아낼 수 있어야 합니다. 그리고 하나님께서 궁극적으로 선하게 인도해 주실 줄 믿기에 감사할 수 있는 것입니다. "모든 것이 합력하여 선을 이루느니라."(롬 8:28) 모든 일에 감사하면 주님의 평화가 우리의 마음에 깃들게 됩니다. 하나님께서 주신 것, 이미 받은 것들을 헤아려 하나하나 조목조목 감사하십시오. 영성 생활이란 어떤 환경에서도 늘 감사할 수 있는 삶입니다. 오늘의 소중함을 깨닫고 감사함으로 하루를 시작하십시오.

염려는 기도와 깊은 상관관계에 있습니다. 기도하지 않으면 염려가 저절로 나오게 됩니다. 염려에 대한 성경의 처방은 다음과 같습니다. "아무 것도 염려하지 말고 다만 모든 일에 기도와 간구로, 너희 구할 것을 감사함으로 하나님께 아뢰라. 그리하면 모든 지각에 뛰어난 하나님의 평강이 그리스도 예수 안에서 너희 마음과 생각을 지키시리라."(빌 4:6-7) 모든 일을 중단하고 잠잠히 하나님만 바라보고 있으면 하나님의 크고 놀라우심이 점점 크게 느껴집니다. 그러나 반대로 염려하면 할수록 전능하신 하나님을 점점 잊어버리게 됩니다. "그러므로 내일 일을 위하여 염려하지 말라 내일 일은 내일이 염려할 것이요 한 날의 괴로움은 그 날로 족하니라."(마 6:34) "내가 주께 감사하옴은 나를 지으심이 심히 기묘하심이라 주께서 하시는 일이 기이함을 내 영혼이 잘 아나이다."(시 139:14)

9
일상의 행복과 영성

　인생에서 가장 중요한 장소는 '여기(here)'이며, 인생의 최고의 순간은 '지금(now)'입니다. 당신이 처한 곳에서 행복한 사람이 되십시오. 지금 이 시간이 최고의 순간이 되게 하십시오. 삶은 원래 짐이 아닙니다. 삶이 짐이 된 것은 우리가 과거에 집착하고 미래에 매달려 있기 때문입니다. 오늘을 기뻐하고 내일을 염려하지 마십시오. 지금 행복하십시오. 지금 있는 곳이 천국이 되게 하십시오. 힘들고 어려운 일이 있다 해도 '그럼에도 불구하고' 행복하십시오. 자신이 가진 조그마한 것에도 감사하며 기뻐하는 법을 배우십시오. 행복의 뿌리는 마음의 평화입니다. 마음의 평화는 현재를 기뻐하며 충실히 살아갈 때 오는 것입니다. 현재의 상황에 만족하며 내 모습 그대로를 사랑하도록 노력하십시오. 지금 내가 하고 있는 일에 최선을 다하며 내 삶과 연결되어 있는 모든 사람들을 사랑하도록 최선을 다하십시오. 참된 행복은 업적, 성취, 성공, 소유에서 오는 것이 아닙니다. 사람들은 행복해지려고 그런 세상 것들을 추구하지만, 사실 그런 것들은 불완전하고도 불충분한 조건입니다.

　가장 행복한 때는 사랑하는 시간입니다. 행복해지고 싶거든 옆에 있는 사람을 사랑하십시오. 영어에서 '사랑하다(love)'와 '살다(live)'는 철자 하나만 다릅니다. 그 말의 어원은 결국 같은 말에서 파생되었다고 합니다. 살아간다는 것은 사랑한다는 것입니다. 사랑하며 살 때 자연스럽게 행복이 발생됩니다. 더 사랑하는 만큼 더 행복해질 수 있습니다.

1) 관계 영성

　행복은 개인의 문제가 아니라 관계의 문제입니다. 행복은 친밀한 관계 속에서 발생되는 자연스러운 덕목입니다. 친밀한 관계를 유지할 수만 있다면 우리는 행복하게 살아갈 수 있습니다. 어떻게 하면 이웃들과 친밀한 관계를 유지할 수 있을까요? 이웃들을 나의 텃밭에 자라고 있는 화초라고 생각하십시오. 텃밭의 화초는 늘 관심을 갖고 가꾸어야 합니다. 무엇보다도 물 주기를 잊어서는 안 됩니다. 사랑의 물을 듬뿍 주어야 잘 자랍니다. 날마다 열심히 서로 사랑하십시오. 우리는 사랑만 하고 살기에도 너무 짧은 인생을 함께 살아가고 있습니다.
　우리는 때로 자기 생각에 몰두한 나머지 옆 사람의 존재를 잊어버립니다. 함께 차를 타고 가면서, 심지어 함께 식사를 하면서도 옆에 있는 배우자의 존재를 잊어버립니다. 우리가 그런 행동들을 습관처럼 계속하다 보면, 배우자의 마음은 서서히 병들어 갑니다. 우리는 서로의 관심과 보살핌을 필요로 하는 연약한 존재이기 때문입니다. 우리는 사람을 중시하는 관계 중심의 영성 생활을 해야 합니다. 사람들을 적극적으로 안아 주는 영성이 필요입니다. 주변 사람들을 돌아보고 친밀한 관계를 맺어 복음을 전하는 관계 영성이 기독교 영성 실천의 핵심입니다. 삶의 모든 영역에서 이웃을 사랑할 수 있어야 합니다. 우리의 생활 현장은 영성 생활의 실천 현장입니다.

2) 사람을 세우는 영성

주님은 우리와 같은 육신을 입고 이 땅에 오셨고, 세상 속에서 태어나고 성장하셨습니다. 하지만 주님은 세상의 가치들이 자신을 지배하도록 내버려두시지 않으셨습니다. 주님의 마음 중심에는 늘 하나님께서 계셨기에 세속적인 가치들에 의미를 두지 않으셨습니다. 주님은 인간적인 찬사와 편리함을 따라가지 않으셨습니다. 소유, 명예, 권력, 성공, 인기 등과 같은 세상에 속한 것에는 관심을 보이지 않으셨습니다. 오로지 주님의 관심사는 하나님의 뜻에 따라 사람들을 사랑하고 그들을 구원하는 일이었습니다. 이렇게 세속적 가치에 의미를 두지 않고 영적인 가치관을 가지고 살아갈 때, 가장 낮은 자리에서 주위 사람들을 기쁨으로 섬길 수 있게 되며, 더 나아가 순종과 고난의 길을 걸으며 자기 십자가를 질 수 있습니다.

주님은 자신의 뜻이 아닌 전적으로 아버지의 뜻대로 행하셨습니다. "나의 원대로 마시옵고 아버지의 원대로 하옵소서."(마 26:39) 주님은 어떤 대가나 보상을 바라지 않으시고, 오로지 하나님의 나라를 위한 일꾼을 세우려는 마음으로 12명을 택하셔서 제자로 삼으시고 자신이 가진 모든 것으로 그들을 양육하셨습니다. 주님의 방법은 프로그램이 아니라 사람이었습니다. 주님은 늘 사람을 섬기고 세우는 일에 집중하셨습니다. 주님은 한 사람 한 사람을 온전한 자로 세우기 위해 모든 것을 쏟아부으셨습니다.

우리가 사람을 세울 때는 겉으로 드러난 모습보다는 그 사람에게 내재된 잠재력을 바라보는 안목을 가져야 합니다. 사람은 하나님께서 주신 은사와 무한한 잠재력을 가지고 있는 창조적인 존재입니다. 모든 사람들을 신임하며 인정하고 존대하는 마음을 가져야 합니다. 사람의 잠재 능력은 우리가 생각하는 것보다 훨씬 큽니다. 드러나지 않은 잠재력을 끄집어내 주고, 사람을 세워 주는 일은 매우 중요합니다.

주님은 사람을 자주 칭찬하셨습니다. 주님의 칭찬은 주로 믿음과 관련된 칭찬이셨습니다. 믿음이 없는 경우에는 심히 꾸짖고, 믿음이 있을 때는 크게 칭찬하셨습니다. 믿음이 없는 불신앙의 세태 속에서 믿음을 보시면, 남자 여자 유대인 이방인을 가리지 않고, 그 자리에서 크게 칭찬하셨습니다. "예수께서 들으시고 놀랍게 여겨 따르는 자들에게 이르시되 내가 진실로 너희에게 이르노니 이스라엘 중 아무에게서도 이만한 믿음을 보지 못하였노라."(마 8:10) "이에 예수께서 대답하여 이르시되 여자여 네 믿음이 크도다 네 소원대로 되리라 하시니."(마 15:(21-)28) "예수께서 대답하여 이르시되 바요나 시몬아 네가 복이 있도다 이를 네게 알게 한 이는 혈육이 아니요 하늘에 계신 내 아버지시니라."(마 16:17) "온 천하에 어디서든지 이 복음이 전파되는 곳에서는 이 여자가 행한 일도 말하여 그를 기억하리라 하시니라."(마 26:13)

3) 소중한 일을 하라

'쫓기는 인생'에서 벗어나 '부름받은 인생'으로 사는 것, 그것이 오늘날 그리스도인에게 있어서 가장 큰 과제입니다. 현대인의 삶은 '늘

급한 일로 쫓기는 삶'인 경우가 많습니다. 현대인의 꽉 짜인 스케줄 속에는 소중한 일이 비집고 들어갈 공간이 없습니다. 우리의 삶에 숨통을 트는 '여백'이 있어야 합니다. 어쩌면 좀 모자라고 아쉬워 보일지라도, 아쉬운 그 여백이 있기에 다음을 향해 나아갈 수 있는 여력이 있는 것입니다. 여백은 생동감을 줍니다. 별로 중요하진 않은 수많은 일 속에 파묻혀 있지는 않습니까?

우리는 항상 긴급한 일과 중요한 일 사이의 긴장 속에 놓여 있습니다. 어떻게 하면 현대인들의 생각을 사로잡고 있는 긴급한 일에서 벗어날 수 있을까요? 내면의 세계를 하나님의 말씀으로 채워야 합니다. 내면세계의 질서를 회복해야 합니다. 부름받은 사람은 질서 잡힌 내면세계의 소유자입니다. 속도보다는 방향입니다. 얼마나 빨리 달리느냐보다는 어디를 향해 달리고 있느냐가 더 중요합니다. 이제는 속도를 늦추고 내 일상생활을 재점검하고, 방위각과 우선순위를 바로잡아야 할 때입니다. 의미도 보람도 없는 막연한 인생이라면 백 년을 산다 한들 무슨 의미가 있겠습니까. 급한 일에 쫓기다 보면 소중한 일을 놓치게 됩니다. 급한 일을 우선적으로 처리하고 보면, 또 다른 급한 일이 생기고, 그러다 보면 급한 일들에 쫓겨 살 수밖에 없게 됩니다. 급한 일에 치여 살기보다, 급한 일을 잠시 내려놓고 소중한 일을 먼저 해 보십시오.

제5장

그리스도인의 사명

1
세상의 소금과 빛

1) 세상과의 관계

"너희는 세상의 소금이니."(마 5:13) "너희는 세상의 빛이라."(마 5:14) 우리가 이 세상의 소금과 빛이라는 말은 우리가 세상과 어떤 관계를 가져야 할 것인지를 말씀해 줍니다. 즉 교회와 그리스도인들은 세상을 멀리 떠나 살아서는 안 된다는 뜻입니다. 교회는 세상 속에서 세상 사람들과 함께 있어야 합니다. 또한 우리가 세상에서 수행해야 할 특별하고도 독특한 사명이 있다는 뜻입니다. 그리고 교회와 성도들은 세상을 멀리 떠나 살아서는 안 됩니다. 교회는 세상 속에 있으면서 세상 사람들에게 선한 영향력을 미치고 빛을 비추는 삶을 살아야 합니다. 세상을 썩지 않게 지키는 소금이어야 합니다. 우리가 이 세상에 빛을 비추지 못하면 세상은 더욱 어두워집니다. 세상이 어두워지고 썩어 가는 것은 성도의 책임이요, 교회의 책임입니다. 우리는 세상 속에서 소금으로, 빛으로 제 역할을 해야 합니다. 예수님은 이 세상을 구원하기 위하여 세상 가운데로, 죄악의 한가운데로 들어오셨습니다. 세상 사람들 속으로 오셔서, 사람들을 만나시고 새롭게 변화시키셨습니다. 이 땅이 우리의 사명입니다.

한번은 예수님이 제자들 몇 명과 함께 산으로 올라가셔서, 그곳에서 영광스러운 모습으로 변화되셨습니다. 바로 변화산 사건입니다. 제자들은 그 천국의 모습이 너무 좋아서, 주님과 함께 영원히 그 산에서 내려오지 않고 살고 싶었습니다. "주님, 여기가 좋사오니" 초막 셋을 짓고 거기서 영원토록 지내자고 했습니다(마 17:4, 막 9:5, 눅 9:33). 그러나 주님은 "괴론 세상에 할 일 많아서 날 가라 명하신다."(찬송가 442장) 다시 내려가자. 저 어두운 세상에 우리가 할 일이 있지 않느냐. 세상으로 내려가자. 주님은 다시 제자들을 데리고 어두운 이 세상으로 내려오셨습니다. 이 세상 속에서, 이 세상 사람들을 만나고 이 세상 사람들을 새롭게 변화시키는 것이 우리의 사명입니다. 소금의 독특한 짠맛이 있어야 부패도 방지하고 음식의 맛도 내게 하는 그 존재 가치가 있듯이, 그리스도인들도 하나님 나라를 나타내는 독특한 성품을 가지고 있을 때 그 존재 가치가 있는 것입니다. 소금이 짠맛을 잃었을 경우에 길가에 버려져 사람들에게 짓밟히게 됩니다. 빛도 마찬가지입니다. 빛은 비추고 밝히는 것입니다. 빛이 있는데도 비치지 않고 됫박 아래 덮어서 숨겨 놓는다는 것은 있을 수 없는 일입니다. 우리는 예수님의 방법대로 살아야 합니다. 그렇지 못하면 소금과 빛은커녕 세상으로부터 손가락질을 받을 수밖에 없습니다. 세상과 별 차이가 없는 교회가 될 때 교회는 맛 잃은 소금이 되어 밖에 버려지게 되는 것입니다. 그래서 사람에게 밟히고 마는 것입니다. 교회가 교회다워지고, 그리스도인들이 그리스도인다워지는 방법은 무엇입니까? 예수님처럼 사는 길밖에 다른 길은 없습니다. 그러면, 어떻게 하는 것이 그리스도인답게 교회답게 예수님처럼 사는 것이겠습니까? 성도는 고난 중에도 소망을 품고 웃을 수 있어야 합니다. 세상 사람들과는 구별된 삶을 살아야 합니다. 그리스도인들을 '성도(聖徒)'라고 부릅니다. 거룩한 사람들이라는 말입니다. '거룩하다'는 말은 구별되었다는 의미입니다. 어려움과 고난 중에서도 하나님을 바라보면서 위로를 얻고, 변함없이 거룩한 삶을 살아가야 합니다.

2) 오직 그리스도의 은혜로

예수님만이 우리의 유일한 희망이요, 세상의 희망입니다. 우리가 사는 이 세상뿐 아니라 앞으로 다가오는 미래의 세상도 예수님의 말씀으로 구원받을 수 있습니다. 이 세상에 예수님 외에는 참소망이 없습니다. 예수님만이 우리의 소망이요, 예수님 말씀만이 우리를 구원의 길로 인도해 주십니다. 누가 세상을 맛나게 하는 소금입니까? 누가 어두운 세상을 비추는 빛입니까? 우리들이 세상에서 소금과 빛으로 드러나려면 한 가지 조건밖에 없습니다. 우리가 얼마나 주님의 은혜로 풍성한가 하는 것입니다. 내 안에 은혜가 없으면 그 인생은 삭막해질 수밖에 없습니다. 은혜가 없으면 믿음도 없습니다. 주님의 은혜로 풍성하면 저절로 소금과 빛으로 살게 되는 것입니다. 소금과 빛으로 살겠다는 높은 이상을 가지십시오! 그 이상을 실현하기 위해 주님의 은혜를 갈망하며 기도하십시오! 그러면, 점점 더 세상의 소금으로 빛으로 살게 될 것입니다. 이것이 자신도 행복하고 남도 행복하게 하며 하나님을 기쁘시게 하는 삶입니다.

2
소망의 사람

1) 정말 중요한 것

　어떤 주인이 먼 고장으로 여행을 떠나면서 사랑하는 아기를 하인에게 맡겼습니다. 주인은 옷가지와 장난감 등을 많이 주면서 아기를 잘 보살피고 옷을 깨끗이 갈아입힐 것을 당부했습니다. 얼마 후에 주인이 돌아왔을 때 하인은 말했습니다. "주인님, 여기 아기 옷이 있습니다. 보시다시피 깨끗하고 닳은 곳 없이 잘 보존돼 있습니다. 아기 장난감도 그대로 잘 있습니다. 그런데 죄송하게도 아기는 어디에 있는지 모르겠습니다." 우리의 삶은 수많은 '옷과 장난감'들에 둘러싸여 있습니다. 물론 옷가지나 장난감들도 중요합니다. 그러나 정작 아기가 없다면 그런 것들은 아무런 소용도 의미도 없는 것들입니다. 아기는 잃어버리고 옷가지들만 부둥켜안고 살아가는 인생은 불행한 인생입니다. 어떤 사람은 아기가 없다는 사실을 애써 외면하고 잊어버리려고 안간힘을 씁니다. 옷가지들만 쳐다보면서, 원래 아기란 존재하지도 않았던 거라고 탄식하면서, 삶의 의미를 찾기보다는 그냥 하루하루를 즐기면서 흘려버리듯 살아가려고 합니다. 또 어떤 분은 아기 옷 안에 아기가 있는지 없는지 살펴보지도 않고 옷을 예쁘게 꾸미고 보존하는 데만 열을 올립니다. 정말 중요한 것이 무엇입니까?

2) 새로운 관점

　성경 말씀은 우리에게 〈새로운 관점〉을 가지고 살아가라고 권고하십니다. "그가 모든 사람을 대신하여 죽으심은 살아 있는 자들로 하여금 다시는 그들 자신을 위하여 살지 않고 오직 그들을 대신하여 죽었다가 다시 살아나신 이를 위하여 살게 하려 함이라. 그러므로 우리가 이제부터는 어떤 사람도 육신을 따라 알지 아니하노라 비록 우리가 그리스도도 육신을 따라 알았으나 이제부터는 그같이 알지 아니하노라. 그런즉 누구든지 그리스도 안에 있으면 새로운 피조물이라 이전 것은 지나갔으니 보라 새 것이 되었도다."(고후 5:15-17) 삶의 가치관이 새로워져야 합니다. 세상의 빛과 소금 된 삶을 살아가기 위해서는 신앙적인 눈으로 인생을 볼 수 있어야 합니다. "그러므로 우리가 이제부터는 어떤 사람도 육신을 따라 알지 아니하노라 비록 우리가 그리스도도 육신을 따라 알았으나 이제부터는 그같이 알지 아니하노라."(고후 5:16) 예수 그리스도께서 우리를 위하여 죽으셨으니, 그것을 믿는 우리는 이 세상을 '육체대로' 즉 세속적 가치 기준으로 눈에 보이는 대로만 판단하고 살아서는 안 된다는 것입니다. 영적인 가치 기준, 하나님의 눈을 가지고 세상을 바라볼 줄 알아야 합니다. 우리는 그리스도 안에서 새로운 피조물입니다. 이전 것은 지나갔습니다. 이제 새로운 존재로서, 새로운 가치관을 가지고 우리의 삶을 의미 있게 채워 나가야 할 것입니다. 우리는 왜 무엇을 위해서 이 땅에 존재하고 있고, 왜, 무엇을 위해서 살아가고 있습니까? 하나님께서 우리를 사용하셔서, 이 세상을 변화시켜 나가기를 원하고 계십니다. 우리가 세상을 구원하는 큰일은 하지 못하더라도 내 자리에서 바른 마음으로 바른 삶과 내게 주어진 작은 사명을 완수하며 살아갈 수는 있습니다.

어려운 상황에서도 소망을 꿈꾸고 하나님의 손길을 느끼는 사람이 있는 반면, 작은 어려움에도 좌절하고, 실패의 두려움에 사로잡혀 아무것도 못 하고 포기해 버리는 사람도 있습니다. 똑같은 상황에서도 생각의 방향에 따라 결과가 전혀 달라질 수도 있습니다. 산 생각을 할 수도 있고 죽은 생각을 할 수도 있습니다. 똑같은 사건이나 환경을 만났는데도 어떤 사람은 산 생각을 하고 어떤 사람은 죽은 생각을 합니다. 산 생각을 하면 인격도 살고 영혼도 살지만, 죽은 생각을 하면 인격도 죽고 영혼도 죽습니다. 여러분은 어떤 생각을 가지고 살아가고 있습니까? 여러분은 생명의 사람입니까? 아니면 겉으로는 살아 있는 듯 보이지만, 사실은 죽은 생각을 가지고 살아가는 사람입니까? 참된 하나님의 사람, 하나님의 일꾼은 하나님께서 원하시는 믿음의 가치관, 생명의 가치관을 품고 매사에 긍정적인 삶의 태도로 세상을 변화시켜 나가는 사람입니다. 이런 사람이 하나님께서 쓰시는 소망의 사람입니다.

3
율법의 완성은 사랑이다

1) 율법의 효력

보통 구약은 율법 시대이며 신약은 은혜 시대라고 말합니다. 이 말 속에는 '율법은 이제 끝이 났다'는 생각이 포함되어 있습니다. 그러나 성경은 율법이 끝났다고 말씀하지 않습니다. 율법이 완전하게 되었다고 말씀합니다. "내가 율법이나 선지자나 폐하러 온 줄로 생각하지 말라 폐하러 온 것이 아니요 완전하게 하려 함이라."(마 5:17) 율법의 역할은 인간이 죄인이라는 사실을 폭로하는 것입니다. 율법 앞에서, 율법에 비추어 볼 때 인간은 모두 다 죄인입니다. 그렇기 때문에 인간은 어떤 의(義)도 내세울 수가 없는 것입니다. 하나님께서는 인간에게 율법을 주신 것은 그 율법을 다 지킬 수 있을 것이라고 생각하셔서 그것을 다 지키라고 요구하신 것이 아니었습니다. 율법 앞에서 우리는 '나는 스스로의 힘으로는 도저히 하나님의 나라에 들어갈 수는 없는 죄인이로구나.' 하는 것을 깨닫게 되는 것입니다. 그런데 예수님 당시의 어떤 사람들은 자신들은 율법을 잘 지켰기 때문에 하나님의 나라에 들어갈 만한 자격을 갖추고 있다는 생각을 하고 있었습니다. 바로 서기관과 바리새인들입니다. 그들은 율법의 참된 정신을 깨닫지 못하고, 근본정신은 외면한 채 겉껍데기에만 치중하고 있었습니다. 율법을 자기들 멋대로 이해하고 있었을 뿐입니다. 율법은 겉으로만 지킨다고 되는 것이 아닙니다. 율법을 주셔서 백성을 바른길로 인도하려는 하나님의 마음을 깨달아야 합니다.

2) 사랑으로 완성되는 율법

마음가짐만 중요한 것이라고 강조하면서 행실은 엉터리인 사람들이 적지 않습니다. 하나님 앞에 마음을 올바르게 하는 것이 중요하지 율법이나 겉으로의 행실은 중요하지 않다고 주장하는 것입니다. 그러나 그렇지 않습니다. 우리가 율법을 다 지킬 수는 없지만, 무시해서도 안 됩니다. 행위도 중요하고 율법도 중요합니다. 하나님의 명령을 지켜 행해야 합니다. "너희 의가 서기관과 바리새인보다 더 낫지 못하면 결코 천국에 들어가지 못하리라."(마 5:20) "진실로 너희에게 이르노니 천지가 없어지기 전에는 율법의 일점 일획도 결코 없어지지 아니하고 다 이루리라."(마 5:18) 이 말씀대로 율법의 일점일획이라도 다 지켜야 한다면, 과연 누가 천국에 들어갈 수 있겠습니까? 누가 과연 일생 동안 율법을 완전히 지키면서 살 수 있겠습니까. 불가능한 일입니다. 율법대로 살지 못하는 우리의 연약함을 하나님께서 불쌍히 여기시고 용서하여 주시기를 기도해야 합니다. 그래서 우리는 완전한 의가 되시는 예수 그리스도를 바라볼 수밖에 없는 것입니다. 율법은 주님이 다시 오실 때까지 그 효력이 살아 있습니다. 율법은 사라진 것이 아닙니다. 율법의 효력은 사라진 것이 아니라, 예수 그리스도 안에서 용서와 사랑으로 완성되는 것입니다. 모든 율법은 그리스도께서 희생의 사랑으로 보여 주신 십자가로 완성되고 완전하게 된 것이지, 율법의 원리가 사라진 것이 아닙니다.

3) 주님의 은혜에 감사하는 생활

 우리는 그리스도의 사랑을 일생 동안 감사하면서, 또 우리 자신도, 힘닿는 대로 그 사랑을 실천하면서 용서와 사랑의 열매를 맺으면서 살아가야 합니다. 예수 그리스도를 통한 하나님의 용서와 사랑이 없었다면 우리는 살아갈 수 없는 존재라는 사실을 잊지 않고, 그 용서와 사랑을 증거하면서 살아가는 것이 우리의 사명입니다. 그러나 우리의 힘으로 사는 것이 아닙니다. 날마다 우리 자신의 부족함을 깨닫고, 예수님의 용서와 사랑에 힘입어서 항상 감사의 마음을 간직하고 세상을 살아가야 합니다. 하나님께서 기뻐하시는 용서와 사랑의 삶, 날마다 감사를 잊지 않는 삶, 그래야 진정으로 세상의 소금과 빛 된 삶을 살 수 있습니다.

4
아버지께서 갚으시리라

우리는 이 땅을 살면서 선한 일을 어떻게 해야 하겠습니까? 우리가 선한 일을 할 때, 하나님께서 원하시는 기준은 일을 많이 했느냐 적게 했느냐 하는 것이 아닙니다. 하나님께서 보시는 가장 중요한 기준은 일을 많이 하고 적게 하고, 큰일을 하고, 작은 일을 하고, 그런 것이 아닙니다. 하나님의 기준은 한 가지입니다. "사람에게 보이려고 그들 앞에서 너희 의를 행하지 않도록 주의하라."(마 6:1) 사람에게 보이려고 하지 말라는 것입니다. 사람의 눈을 의식하고 하는 선행은 아무 소용이 없습니다. 인간이 하나님 앞에서 할 수 있는 가장 아름다운 일들을 크게 세 가지로 꼽자면, ①첫째는 구제하는 일이고(마 6:1-4), ②둘째는 기도하는 일이고(마 6:5-6), ③셋째는 금식하는 일(마 6:16-18)입니다. 구제와 기도와 금식은 한 개인이 하나님 앞에서 할 수 있는 가장 아름다운 일들입니다. 그러나 이것이 하나님을 의식한 것이 아니라, 사람을 의식하고 하는 것이라면 아무 소용도 없다고 말씀합니다. "구제할 때에 외식하는 자처럼 나팔을 불어대면서 하지 말라. 오른손이 하는 것을 왼손이 모르게 하라. 그리하면 오직 은밀한 중에 계신 네 아버지께서 갚으시리라."(마 6:4) "기도할 때에 외식하는 자처럼 큰 거리에서 외치지 말라. 골방에 들어가서 문을 닫고 하여라. 그리하면 오직 은밀한 중에 계신 네 아버지께서 갚으시리라."(마 6:6) "금식할 때에 외식하는 자처럼 얼굴을 흉하게 하여 일부러 드러내지 말라. 기름을 바르고 얼굴을 씻으라. 그리하면 오직 은밀한 중에 계신 네 아버지께서 갚으시리라."(마 6:18)

4절과 6절과 18절에 세 번이나 반복되는 이 말씀이 핵심입니다. "사람에게 보이려고 하지 말아라. 그리하면 오직 은밀한 중에 계신 네 아버지께서 갚으시리라."(마 6:4, 6, 8) 예수님께서 활동하실 당시 바리새인들은 사람에게 보이기 위해서 구제하고 기도하고 금식하였습니다. 그처럼 사람에게 보여서 칭찬을 받으면 이미 사람에게 상을 받았기 때문에 하나님으로부터 상을 받지 못한다고 말씀하셨습니다. 아무도 보지 않는 때에도 선행을 기쁨으로 실천할 수 있는 그리스도인이 되어야 합니다. 내가 아니면 안 된다고 시위하듯이 나서고, 사람들이 알아주어야 힘이 나고, 남들이 알아주지 않으면 삐지고, 그래서는 안 됩니다. 그것은 신앙이 아닙니다. 헌금과 예물을 드릴 때도 마찬가지입니다. 내가 얼마를 했다는 것을 사람들에게 알리고, 보이려고 하면 하늘에서는 상이 없습니다. 사람에게 보이지 말고 은밀하게 선한 일을 해서, 보물을 하늘에 쌓아 두고, 하나님께로부터 상급을 받으시기를 바랍니다. 아무도 보지 않는 때에도 선행을 기쁨으로 실천하는 참된 그리스도인이 되어야 합니다. 하나님께서 은밀한 중에 모든 것을 보고 들으시며, 은밀한 선행을 기뻐하십니다.

5
염려하지 않는 이유

1) 하나님께서 채워 주실 것을 믿기 때문

예수님은 여러 번에 걸쳐서(마 6:25, 27, 28, 31, 34) "염려하지 말 것"을 당부하셨습니다. 염려는 어리석은 습관입니다. 염려란 아직 일어나지도 않은 일을 미리부터 걱정하는 태도입니다. 하나님께서 우리를 먹이시고 입히시기 때문에 우리는 염려할 필요가 없습니다. "목숨을 위하여 무엇을 먹을까 무엇을 마실까 몸을 위하여 무엇을 입을까 염려하지 말라 목숨이 음식보다 중하지 아니하며 몸이 의복보다 중하지 아니하냐."(마 6:25) 하나님께서 우리에게 생명을 주셨는데, 이 소중한 생명을 하찮은 먹을 것이나 옷 때문에 죽게 하겠느냐 하는 것입니다. "주께서 사십 년 동안 너희를 광야에서 인도하게 하셨거니와 너희 몸의 옷이 낡아지지 아니하였고 너희 발의 신이 해어지지 아니하였으며."(신 29:5) 공중의 새를 보고 은혜를 받으십시오. 새들은 심지도 않고 거두지도 않고 창고에 모아들이지 않지만 그들은 결코 굶어 죽지 않도록 하나님께서 돌보시고 길러 주십니다. 주님께서는 공중의 새를 비유로 들면서 말씀하십니다. "공중의 새를 보라 심지도 않고 거두지도 않고 창고에 모아들이지도 아니하되 너희 하늘 아버지께서 기르시나니 너희는 이것들보다 귀하지 아니하냐!"(마 6:26) 새는 통장에 잔고가 없어도 즐겁게 삽니다. 하물며 이것들보다 소중한 인간들을 굶주리게 하겠습니까? 들에 핀 백합화를 보십시오. 들의 백합화는 자기가 자라기 위해 별다른 수고도 않습니다. 옷을 만들기 위해 길쌈도 하지 않습니다. 그러나 이 들꽃들의 아름다움은 인간들 중 가장 호화로운 삶을 살았다는 솔로몬의 영화보다 더 찬란히 빛납니다. 세상에 어떤 옷이 이 꽃보다 더 아름답습니까? 들의 백합화는 화장이나 성형수술을 하지 않습니다. 명품 옷을 입을 이유도 없습니다. 그 어떤 만들어진 조화보다 최고의 명품이기 때문입니다. "내일 아궁이에 던져지는 들풀도 하나님이 이렇게 입히시거든 하물며 너희일까보냐 믿음이 작은 자들아!"(마 6:30) 모든 염려를 주님께 맡겨 버리는 믿음을 가지시기를 바랍니다. 새도 먹이시고 꽃도 입히시는 하나님께서 자녀인 우리를 다 알아서 먹이시고 입히십니다. 염려할 필요 없습니다. 먹을 것 마실 것 입을 것에 대한 염려는 이방인들이나 하는 것이라고 말씀합니다(마 6:32). 여기서 이방인들이란 하나님을 부인하고 믿지 않는 사람들을 말하는 것입니다. 그들은 세상에서 의지할 만한 존재가 없기 때문에 자기 힘으로 모든 것을 해결해야 합니다. 그러니 내일 일이 염려될 수밖에 없습니다. "너희는 이방인이 아니라 하늘에 계신 분이 너희 아버지이시다."

2) 염려해도 소용이 없기 때문

우리가 염려하지 않아야 하는 이유는 염려한다고 해서 아무런 소용이 없기 때문입니다. "너희 중에 누가 염려함으로 그 키를 한 자나 더 할 수 있겠느냐?"(마 6:27) 키 크고 싶다고 염려하고 간절히 바란다고 해서 키가 크는 것은 아닙니다. 그렇게 염려하면 오히려 더 키가 자라지 않습니다. 염려할 시간이 있으면 열심히 먹고 푹 자는 것이 키를 크게 하는 더 좋은 방법입니다. 염려한다고 해결되는 것은 없습니다. 그러므로 염려는 어리석은 습관이고 쓸데없는 것입니다. "하나님, 제가 바꿀 수 없는 것들은 그대로 받아들일 수 있는 평온함을, 바꿀 수 있는 것들은 바꿀 수 있는 용기를, 그리고 이 둘 사이의 차이를 알 수 있는 지혜를 허락하옵소서."(라인홀드 니버의 기도) 어제는 지나갔고 내일은 아직 오직 않았습니다. "내일 일을 위하여 염려하지 말라."(마 6:34) "내일 일은 내일이 염려할 것이요 한 날 괴로움은 그 날에 족하니라."(마 6:35) 내일에 대한 염려 때문에 오늘을 망쳐서는 안 됩니다.

3) 삶의 우선순위가 분명해지는 순간, 염려는 물러간다

우리가 하나님의 나라와 그의 의를 구하는 순간 염려는 사라집니다. 하나님의 뜻을 찾아 부지런히 움직이다 보면 어느새 염려는 사라지고 맙니다. 염려의 시작은 믿음의 끝입니다. 믿음을 갖기 시작하는 순간 염려는 끝이 납니다. "너희는 먼저 그의 나라와 그의 의를 구하라 그리하면 이 모든 것을 너희에게 더하시리라."(마 6:33) 하나님의 약속입니다. 너희가 하나님 일을 가장 우선으로 알고 행하면 너희에게 필요한 먹을 것, 마실 것, 입을 것은 내가 다 책임지시겠다고 약속하십니다. 우리에게는 염려는 없습니다. 다만 기도 제목만이 있을 뿐입니다. 그 문제를 가지고 기도하십시오. 그리고 오늘 하루를 열심히 사십시오. 그러면 하나님께서 우리 모든 문제를 해결해 주시는 은혜를 경험하게 될 것입니다.

제6장

종의 마음으로

1
선한 청지기

"너희 안에 이 마음을 품으라 곧 그리스도 예수의 마음이니."(빌 2:5) 여기서 말하는 예수의 마음은 한마디로 섬김의 마음입니다. "인자가 온 것은 섬김을 받으려 함이 아니라 도리어 섬기려 하고 자기 목숨을 많은 사람의 대속물로 주려 함이니라."(마 20:28, 막 10:45) 섬기는 것이 우리의 가장 중요한 사명입니다. 섬김을 모르는 삶은 감격이 없습니다. 이 시대에 주님이 진정으로 원하시는 사람은 섬기는 사람입니다. 섬김은 우리의 사명이며, 주님이 부탁하신 일입니다. 섬기는 사람 곁에는 주님이 늘 함께하십니다. 주님은 섬기는 사람에게 상을 주시고, 섬김의 삶을 사는 사람의 가문을 축복하셔서 영적인 복을 부어 주십니다. 섬김의 삶을 사는 사람에게는 칭찬과 존경을 받게 해 주십니다. "이로써 그리스도를 섬기는 자는 하나님을 기쁘시게 하며 사람에게도 칭찬을 받느니라."(롬 14:18)

예수님은 우리에게 종이 되라고 가르쳐 주셨습니다. 천국에서 으뜸이 되려면 이 땅에서 종이 되어야 합니다. "너희 중에 누구든지 으뜸이 되고자 하는 자는 너희의 종이 되어야 하리라."(마 20:27, 막 10:44) 그러므로 그리스도인은 종의 마음을 가지고 살아야 합니다. 종의 마음이 되는 것은 우리의 마음의 변화, 생각의 변화, 태도의 변화를 요구합니다. 무엇보다 마음가짐이 먼저 변해야 합니다. 하나님께서는 우리가 무엇을 하는가보다, 왜 하는가에 더 큰 관심을 가지고 계십니다. 어떤 일을 해내는 것보다 그 일을 하는 마음 자세가 더 중요합니다. 진실한 종의 마음, 섬김의 마음은 다음의 세 가지 자세를 가져야 합니다.

1) 자기를 낮추는 겸손

 진실한 종은 자신보다 다른 사람을 더 생각합니다. 종은 자신이 아닌 다른 사람에게 초점을 맞춥니다. 이것이 바로 겸손입니다. 자기 자신을 낮추고, 자기 자신보다 다른 사람을 더 생각하고 배려하는 행동이 곧 겸손입니다. "각각 자기 일을 돌볼뿐더러 또한 각각 다른 사람들의 일을 돌보아 나의 기쁨을 충만하게 하라."(빌 2:4) 겸손은 올바른 삶의 목표와 관계가 있습니다. 예수님은 "자기를 비워 종의 형체를 가지사 사람들과 같이"(빌 2:7) 되셨습니다. 우리 삶의 목표가 자기 자신으로 가득 차 있으면, 신실한 하나님의 종이 될 수 없습니다. 다른 사람이 나를 좋아하게 하기 위해서, 다른 사람이 나를 우러러보게 하기 위해서, 우리의 목표를 이루기 위해서 그들을 섬기는 것이라면, 그것은 진정한 섬김이 아니라, 오히려 '눈속임'입니다. 진실한 섬김은 자신을 돋보이게 하지 않습니다. 하나님의 목적을 위해서 겸손하게 자신을 비우고, 하나님께 자신을 내드리는, 종의 마음을 갖는 것이 진정한 섬김입니다.

2) 자기 부인

자기 부인이란 이기적인 마음을 없애는 것입니다. 사람은 원래 본능적으로 이기적인 존재입니다. 그러므로 자신을 부인하고 이기적인 마음을 이겨 내고 다스리는 것이야말로 종이 되기 위한 가장 핵심적인 요소입니다. 우리가 종의 마음을 가졌는가를 알 수 있는 척도는 다른 사람들이 우리를 종처럼 다룰 때 어떻게 그들에게 반응하는가 하는 것입니다. 다른 사람들이 여러분에게 무리한 요구를 하고, 아랫사람처럼 무시하며 대할 때 여러분은 어떻게 반응하십니까? 자기를 부인하고, 진짜 종의 마음을 가지십시오. 성경은 이렇게 말씀하십니다. "누가 너를 억울하게 이용하거든, 종의 삶을 연습하는 기회로 삼아라. 똑같이 갚아주는 것은 이제 그만하여라."(마 5:41-42, 메시지성경)

3) 청지기의 마음

진실한 종은 주인이 아닌 청지기같이 생각합니다. 청지기란 종의 신분으로 주인의 소유를 맡아서 관리하는 사람입니다. '요청을 받고, 그것을 지키는 사람'이라는 뜻입니다. 聽直(청직)입니다. 청을 바르게 지키는 사람입니다. 하나님께서 우리를 청지기로 삼으셨고 사명을 맡겨 주셨습니다. 청지기는 모든 것이 하나님의 소유라는 사실을 기억하고 잊어버리지 않습니다. "각각 은사를 받은 대로 하나님의 여러 가지 은혜를 맡은 선한 청지기 같이 서로 봉사하라."(벧전 4:10)

청지기는 부지런해야 합니다. 잠언 말씀에 보면, '부지런한 자'의 반대말을 '게으른 자'가 아니라 '조급한 자'라고 했습니다. "부지런한 자의 경영은 풍부함에 이를 것이나 조급한 자는 궁핍함에 이를 따름이니라."(잠언 21:5) 주의 일에 부지런하다는 것은 '성실한 것'을 말합니다. 조급하면 안 됩니다. 꾸준하고 변함없는 성실함이 곧 부지런한 것입니다. 성실하지 못하고 조급한 사람은 하나님의 행하심을 기다리며 인내하지 못하고, 자기 뜻대로 일을 처리하려고 하다가 일을 망치게 됩니다. 그래서 성경이 말하는 '부지런한 자'의 반대말은 '게으른 자'뿐만 아니라, '조급한 자'인 것입니다. 우리는 이 세상을 사는 동안, 조급하지 말고 주인 되신 하나님의 일을 맡은 청지기로서 성실한 삶을 살아야 합니다. 참으로 부지런한 것은 하나님의 뜻을 깊이 생각하고, 성실하게 사명을 감당하는 것입니다.

예수님은 이 땅의 재물에 대해 이렇게 말씀하셨습니다. "집 하인이 두 주인을 섬길 수 없나니 혹 이를 미워하고 저를 사랑하거나 혹 이를 중히 여기고 저를 경히 여길 것임이라 너희는 하나님과 재물을 겸하여 섬길 수 없느니라."(눅 16:13) 둘 다 택할 수는 없다고 분명하게 말씀하셨습니다. 둘 다 가지는 것은 불가능합니다. 사명을 위해 사는 것과 돈을 위해 사는 것은 서로 용납될 수 없는 목표입니다. 그렇다면, 이 둘 가운데 우리는 무엇을 택할 것입니까? '나의 금전적인 목표를 달성한 후에, 즉 돈 좀 벌어 놓고, 하나님을 섬기겠다'고 말하는데, 이것은 평생 후회하게 될 어리석은 결정입니다. 예수님이 우리의 주인이 되실 때에는 돈이 우리를 섬기지만, 돈이 우리의 주인이 될 때에는 돈의 노예가 됩니다. 물론 부 자체가 죄는 아니지만 하나님의 영광을 위해 부를 쓰지 않을 때는 죄가 됩니다. 그러므로 진실한 종은 돈보다 사명에 마음을 쏟습니다. 하나님께서는 종으로서의 우리의 신실함을 돈의 문제를 가지고 시험하십니다. 그래서 예수님은 천국이나 지옥에 관해서보다 돈에 대한 말씀을 더 많이 하신 것입니다.

"너희가 만일 불의한 재물에도(세상의 부를 다루는 데도) 충성하지 아니하면 누가 참된 것으로 너희에게 맡기겠느냐."(눅 16:11) "만일 너희가 세상의 부를 다루는데 신뢰할 만하지 못하다면 진정한 부요함에 대해 누가 너희를 신뢰할 수 있겠는가?"("So if you have not been trustworthy in handling worldly wealth, who will trust you with true riches?", NIV) 우리가 돈을 어떻게 관리하는가 하는 것이 하나님께서 얼마나 우리의 삶에 복을 주시는가에 큰 영향을 미칩니다. 세상 사람들은 자신을 위해서 많은 재물을 모으려고만 합니다. 하나님의 사람들도 역시 가능한 한 많은 돈을 모으려 하지만, 하나님의 사람들은 쌓아 두기 위해서가 아니라, 주기 위해서, 섬기기 위해서 모으는 것입니다. 그래서 하나님의 사람들은 자신들의 부를 교회와 세계 선교를 위해 쓰는 것입니다. 섬김의 목표를 가지고 섬김의 삶을 살아가십시오.

2
선으로 악을 이기라

1) 억울할 때의 인내

　진정한 섬김은 인내하고 참으면서, 선으로 악을 이기는 것입니다. 살다 보면, 잘한 일도 있고 못한 일도 있을 것입니다. 일을 잘해서 인정받는 것은 당연합니다. 일을 잘못해서 욕을 먹을 때도 있을 것입니다. 그런데 때로는 잘했는데도 인정을 받지 못하고, 열심히 한 것 때문에 오히려 미움받고 "그래 너 잘났다." 하며 따돌림당한 경우도 있습니다. 그런 경우를 당하면 누구나 분하고 화가 날 것입니다. 나에게 억울하게 한 사람에게 그대로 갚아 주고 싶은 마음도 생길 수 있습니다. 그러나 그것은 예수님을 믿는 사람의 모습이 아닙니다. 그때에도 하나님을 믿고, 섬김의 태도를 잊지 말아야 합니다. 때가 되면 하나님께서 반드시 갚으실 것이기 때문입니다.

2) 다윗의 인내

　다윗은 참 충실한 신하였습니다. 그런데도 사울왕은 다윗을 시기하고 질투했습니다. 결국은 누명을 씌워서 죽이려고 했습니다. 정말 억울한 일입니다. 그래도 다윗은 한 번도 사울왕을 함부로 대하지 않았습니다. 자기를 잡아 죽이려고 찾아다니는 사울왕을 죽일 기회가 여러 번 있었지만, "하나님께서 세우신 왕을 함부로 손댈 수 없다."라고 해서 번번이 살려 보냈습니다. 결국 때가 이르자, 사울왕은 스스로 무너졌고 다윗은 자연스럽게 왕이 되었습니다. 이해할 수 없는 상황 속에도 하나님을 믿고 신뢰했더니, 하나님께서 그 믿음대로 갚으신 것입니다. 하나님을 철저하게 믿고 신뢰했던 다윗은 이스라엘 역사상 가장 위대한 왕이 되었습니다. 성경은 말씀합니다. "악에게 지지 말고 선으로 악을 이기라."(롬 12:21) 풀어서 해석하면 이렇습니다. "어떤 경우에도 섬김의 태도를 포기하지 마십시오. 누군가가 당신을 오해하고, 뒷담화를 하더라도 참고 인내하며 축복하십시오. 그것이 이기는 길입니다. 하나님께서 보고 계십니다. 하나님께서 갚으십니다." 물론 참기 어려운 경우가 있습니다. 특별히 함께 신앙생활하는 교우들에게 오해를 받고 인정받지 못하고 시기와 미움의 대상이 될 때는 너무나 참기 어렵습니다.

지금도 여러분을 힘들게 하는 사람이 있습니까? 그럴 때에도 섬김을 포기하지 마십시오. 하나님을 믿고 하나님의 때를 기다리십시오. 어쩌면 지금 여러분의 섬김과 인내가 그 원수 같은 사람을 감동시키고 있는지 모릅니다. 가장 적절한 때에 여러분을 가장 힘들게 한 사람이 가장 강력한 지지자로 바뀔지도 모릅니다. 이보다 중요한 사실은 하나님께서 우리를 보고 계신다는 것입니다. 그분은 우리가 무슨 일을 당했는지, 얼마나 당했는지 다 알고 계십니다. 하나님을 믿고 신뢰하십시오. 때가 되면 억울함은 역전되고, 생각지도 못했던 축복이 반드시 찾아오옵니다. 그분이 바꾸시면 바뀌지 않을 일이 없고 그분의 손짓 하나면 그동안 잃은 것은 한순간에 보상될 수 있습니다. 중요한 것은 여러분이 그것을 믿느냐 못 믿느냐 하는 것입니다.

3) 하나님께서 갚으신다

하나님께서는 우리가, 상대의 옳고 그름에 상관없이 항상 바른 태도를 유지하길 원하십니다. "악을 행하는 자들 때문에 불평하지 말며 불의를 행하는 자들을 시기하지 말지어다. 그들은 풀과 같이 속히 베임을 당할 것이며 푸른 채소 같이 쇠잔할 것임이로다. … 여호와 앞에 잠잠하고 참고 기다리라 자기 길이 형통하며 악한 꾀를 이루는 자 때문에 불평하지 말지어다."(시 37:1-2, 7) 중요한 사실은, 우리가 다른 사람을 인정하지 않으면, 하나님도 우리를 인정하지 않으신다는 것입니다. 사탄은 우리가 무시당할 때 "너도 그를 무시해라." 하고 부추깁니다. 그것이 사탄의 함정입니다. "네가 조롱당했느냐? 너도 조롱하라. 네가 생각해도 그 인간은 존경받을 자격이 없지 않느냐?" 하고 속삭입니다. 이런 사탄의 속임수에 얼마나 많은 사람들이 넘어지는지 모릅니다. 하나님께서 진짜로 염려하시는 것은 바로 그것입니다. 우리가 악한 자들에게 똑같이 갚아 주려고 하다가 그 악한 자들과 똑같이 생각하고, 똑같이 행동하고 똑같은 부류가 되는 것, 그것이 바로 우리를 향한 하나님의 진짜 염려입니다. '그 사람은 말도 안 되는 것을 가지고 꼬투리를 잡는 사람입니다. 그런 사람을 어떻게 존중할 수 있겠습니까? 한두 번인 줄 아십니까? 그 인간 한번 크게 당해 봐야 합니다.' 그럴 수 있습니다. 실제로 그래야 정신 차리는 사람도 있습니다. 그러나 그런 태도는, 하나님을 믿는 모습이 아닙니다. 하나님을 섬기는 태도도 아닙니다.

 기억하십시오. 우리의 성공과 실패는 사람에게 달려 있지 않습니다. 우리 삶의 주인이신 살아 계신 하나님께 달려 있습니다. 좀 더 크게 생각하고 좀 더 넓게 바라보십시오. 어떤 경우에도 하나님을 믿고 하나님의 때를 기다리십시오. 하나님께서 보고 계십니다. 하나님께서 갚으십니다. 상상하지 못한 방법을 통해서라도 반드시 갚으시는 하나님이십니다.

3
섬기는 자의 축복

1) 섬기는 자는 주님과 함께한다

주님을 섬기는 사람은 주님을 따라가야 합니다. 그런데 주님을 따르는 길이 그렇게 쉽지 않습니다. 힘들고 어려운 길입니다. 주님은 영광받는 길로 가신 것이 아니라, 고난의 길 십자가의 길을 가셨습니다. 성경에는 고난의 길을 가신 주님의 심정이 잘 나와 있습니다. "지금 내 마음이 괴로우니 무슨 말을 하리요 아버지여 나를 구원하여 이 때를 면하게 하여 주옵소서 그러나 내가 이를 위하여 이 때에 왔나이다."(요 12:27) 신앙의 길은 때로 괴롭고 힘든 길입니다. 때로는 "아버지여 안 가고 싶습니다. 이 때를 면하게 하여 주옵소서." 하는 기도가 나옵니다. 그러나 괴롭고 힘들어도, 나에게 맡겨 주신 사명이기에 참고 인내하며 가야 하는 길입니다. 그것이 신앙의 길입니다. 그런데 이 신앙의 길을 가는 사람에게, 괴롭고 힘들어도 주님을 섬기며, 주님을 따르는 사람에게 성경은 분명한 약속을 주셨습니다. "사람이 나를 섬기려면 나를 따르라 나 있는 곳에 나를 섬기는 자도 거기 있으리니 사람이 나를 섬기면 내 아버지께서 그를 귀히 여기시리라."(요 12:26) 주님이 가시는 곳마다 주님을 섬기는 자도 그곳에 주님과 함께 있게 될 것이라는 약속입니다. 그리고 우리가 진심으로 주님을 섬기면 하나님께서 우리를 귀하게 여겨 주신다는 약속입니다.

섬기는 사람 곁에는 주님께서 함께하십니다. "나 있는 곳에 나를 섬기는 자도 거기 있으리니." 여기서 "나 있는 곳", "주님이 계신 곳"은 어디를 말하는 것일까요? 천국일까요? 교회일까요? 가정일까요? 세상일까요? 주님은 모든 곳에 계십니다. 그러기에 모든 곳에서 우리는 주님을 따르는 섬기는 자의 모습으로 있어야 합니다. 그것이 교회일 수 있고 가정일 수 있고 그것이 회사일 수 있고 또 다른 어떤 곳일 수도 있습니다. 찬양대를 섬기는 것도 주님을 따르는 섬김이고, 주일학교 교사를 하는 것도 주님을 따르는 섬김이고, 식당 봉사하는 것도 주님을 따르는 섬김이고, 차량 봉사를 하는 것도 주님을 따르는 섬김입니다. 사람을 바라보고 일하는 것이 아닙니다. 내가 하는 그 일이 주님을 섬기는 일이라고 믿고 주님의 눈앞에서 하는 마음으로 하시기 바랍니다. 어떤 자리에서 어떤 방법으로 섬김을 실천하든지 간에, 중요한 것은 주님이 그 섬김을 기억하신다는 사실입니다.

2) 섬기는 자에게 하나님께서 보상하신다

우리의 섬김에 대해, 하나님의 보상 약속이 있습니다. "사람이 나를 섬기면 내 아버지께서 그를 귀히 여기시리라."(요 12:26) 섬기는 자에게는 하나님께서 반드시 보상하십니다. "아버지께서 그를 귀히 여기신다."라는 것은 무슨 뜻일까요? 주님을 섬기는 사람은 그 섬김으로 끝나는 것이 아닙니다. 하나님께서는 그 모든 것을 기억하시고 갚아 주시는 분입니다. 이 땅에서도 갚아 주시고 하늘나라에서도 놀라운 상으로 갚아 주십니다. 우리 하나님께서는 상 주시는 분임을 믿어야 한다고 했습니다. "믿음이 없이는 하나님을 기쁘시게 하지 못하나니 하나님께 나아가는 자는 반드시 그가 계신 것과 또한 그가 자기를 찾는 자들에게 상 주시는 이심을 믿어야 할지니라."(히 11:6)

요셉이 애굽에 내려가 시위대장 보디발의 집에서 그들을 섬겼습니다. 억울하고 답답하고 힘든 형편에서도 낙담하거나 분노하고만 있지 않고, 힘을 내어서 그 자리에 주님이 계신 것처럼 주인 보디발을 섬겼고, 억울한 일을 당하여 감옥에 갇혔을 때도 원망하거나 분노에 빠져 있지 않고, 그 깊은 감옥에서도 만나는 사람마다 주님을 대하듯이 성심으로 대했습니다. 그러자 하나님께서 그를 높여 애굽의 총리가 되게 하셨습니다.

하나님께서는 믿음으로 섬김의 삶을 실천하는 사람을 결코 그냥 두지 않으시고 귀히 여기시고 그 자손 대대로 높여 주시는 분이십니다. 가문의 축복을 받기를 원하거든, 잘 섬기십시오. 어디에 있든지 누구를 만나든지 주님께 하듯 하십시오. '귀하게 여긴다'는 구절을 영어 성경으로 보면 'Honor'로 쓰였습니다. '명예'와 '존경'을 누리게 한다는 것입니다. 그래서 섬기는 사람은 하나님께서 기뻐하시고 사람에게도 칭찬과 존경을 받게 됩니다. "이로써 그리스도를 섬기는 자는 하나님을 기쁘시게 하며 사람에게도 칭찬을 받느니라."(롬 14:18) 주님을 따르며, 섬김의 삶을 살아가면, 하나님께서 우리 이름을 영화롭게 해 주시고, 명예를 누리게 하신다는 말씀입니다. 섬김이 능력입니다. 남들이 알아주지 않아도 묵묵히 섬기는 자는 주님이 그를 귀히 여겨 주십니다. 우리가 구원받은 것은 섬기기 위해서입니다. 우리가 병에서 고침을 받은 것은 섬기기 위해서입니다. 우리가 가난에서 해방된 것도 섬기기 위해서입니다. 섬기는 것이 가장 중요한 하나님의 사명입니다. 섬김을 모르는 삶은 구원의 감격이 없는 삶입니다. 주님이 이 시대에 원하는 사람은 실력이 있는 자나 똑똑한 사람이 아닙니다. 주님이 진정으로 원하시는 사람은 주님을 따르며 섬기는 사람입니다. 섬김은 주님의 사명이며, 주님이 부탁하신 일입니다. 섬기는 사람 곁에는 주님이 늘 함께하십니다. 주님은 섬기는 사람에게 상을 주시고, 섬김의 삶을 사는 사람의 가문을 축복하셔서 영적인 복을 부어 주십니다. 섬김의 삶을 사는 사람은 다른 사람에게도 칭찬과 존경을 받게 해 주십니다.

4
섬김의 중심은 사랑

동상이몽(同床異夢), '같은 침상에서 다른 꿈을 꾼다'는 뜻입니다. 겉으로는 같이 행동하지만, 각각 딴생각을 품고 있다는 의미입니다. 예루살렘으로 올라가는 길에 예수님의 제자들이 그랬습니다. 예수님의 제자 열둘 중에서 세베대의 아들 야고보와 요한이 예수님께 당돌한 청을 드립니다. "여짜오되 주의 영광중에서 우리를 하나는 주의 우편에, 하나는 좌편에 앉게 하여 주옵소서."(막 10:37)

예수님께서 가장 먼저 부른 제자는 시몬 베드로와 안드레입니다. 그리고 그다음에 부른 제자들이 바로 여기 이름이 나오는 야고보와 요한입니다. 또한 예수님께서 가장 가까이 두신 제자들이 베드로와 야고보, 요한 세 제자입니다. 드러난 것에 따라 계산적으로 말하더라도 야고보와 요한은 서열 경쟁에서 이미 우위를 점하고 있는 상태입니다. 그런데, 이들이 지금 이 말을 하는 이유는 뭡니까? 예수님이 이제 예루살렘에 들어가면 메시아 왕국을 이룰 것이라고 판단하기 때문입니다. 그러기 전에 자신들의 서열을 확정받으려는 것입니다. 가장 큰 경쟁 대상이 되는 베드로를 제치고 예수님의 좌우편 자리를 못박아 놓으려는 의도일 것입니다. 이런 청탁은 대개 어떤 자리에서 합니까? 조용하고 은밀한 자리, 소위 밀실에서 하죠. 그런데, 다른 제자들이 다 듣는 곳에서 야고보와 요한이 이런 청탁을 했을까요? 그만큼 상황이 긴박하게 진행된다고 여겼기 때문인 것 같습니다. 그래서 이렇게 무리한 모양으로 예수님께 부탁을 한 것이고요. 아마도 그 정도는 충분히 들어주실 것이라는 기대도 했던 것 같습니다. 마가복음 10장 41절을 보면, 이 말을 들은 나머지 열 제자의 반응이 나옵니다. 제자들은 야고보와 요한에게 화를 냈습니다. '지금이 어떤 때인데, 예수님 마음도 모르고 엉뚱한 소리를 하느냐?' 하는 맘으로 화낸 것입니까? 혹은 '그 당연한 것을 굳이 또 물어서 못을 박으려느냐?' 하는 생각인가요? 아닙니다. 동상이몽의 상황입니다. 야고보와 요한은 예수님 좌우편 자리는 당연히 자기들 것이 되어야 한다고 생각하고, 그것을 확정하려고 했지만, 다른 제자들도 나름대로 자기들이 좌우편 자리에 앉을 꿈을 꾸고 있는 것입니다. 그런데, 선수를 빼앗겼으니 화가 난 것입니다.

자리 문제, 서열의 문제는 현실적으로 매우 예민한 문제입니다. 학교에서나 관공서에서나 또는 수많은 단체들의 행사에서 내외빈들 모실 때에 자리 배정에 굉장히 신경을 씁니다. 의자에 미리 누가 앉을 자리라고 다 붙여 놓습니다. 앉은 자리에 따라 대우받는 격이 꽤나 다릅니다. 메시아 왕국에서 예수님 좌우편에 앉는 것하고, 그렇지 못하고 몇 자리 지나서 멀리 앉는 것하고 그 격이 같을 수가 없다고 생각한 것입니다. 야고보와 요한이 선수를 쳤고, 나머지 열 제자는 선수를 빼앗겼지만, 이들의 마음은 모두 똑같습니다. 메시아 왕국에서 높은 자리를 차지하고 싶은 마음이 전부 굴뚝같았습니다.

십자가 고난을 앞두고 계신 예수님 앞에서 이렇게 자리다툼을 벌이고 있는 제자들의 모습은 예수님 눈에 얼마나 한심스러웠을까요? 그런데, 예수님은 그런 제자들을 꾸짖거나 나무라지 않으시고, 조용히 그들을 불러 놓고 가르치셨습니다. 예수님은 두 가지 질서를 대조해서 말씀하십니다. "이방인의 집권자들이" 어떠하다는 사실과 "너희 중에는 그렇지 않을지니"라는 말씀으로 두 세계를 비교합니다. "예수께서 불러다가 이르시되 이방인의 집권자들이 그들을 임의로 주관하고 그 고관들이 그들에게 권세를 부리는 줄을 너희가 알거니와. 너희 중에는 그렇지 않을지니 너희 중에 누구든지 크고자 하는 자는 너희를 섬기는 자가 되고. 너희 중에 누구든지 으뜸이 되고자 하는 자는 모든 사람의 종이 되어야 하리라."(막 10:42-45)

예수님은 큰 자가 되고자 하는 꿈 자체를 버리라고 말하지 않으십니다. 방향을 하나님 나라의 가치로 돌리십니다. "큰 자가 되고 싶으냐, 좋다. 그러면, 하나님 나라 가치를 따라서 진정으로 큰 자가 되라."라고 말씀하시는 것입니다. 하나님 나라 공동체에서, 또는 하나님 나라 가치를 따라 살아가는 사람들에게 있어서 큰 자는 어떤 사람인지를 가르쳐 주십니다. 어떤 사람이 큰 자입니까? 누가 으뜸입니까? 섬기는 자, 그리고 모든 사람의 종이 되는 자입니다. 이 말은 완전히 역설입니다. 분명 종의 자리에서 섬기는 자는 큰 자가 아니고 작은 자입니다. 으뜸이 아니라 꼴찌입니다. 그런데, 교회에서는 섬기는 사람이 큰 자입니다. 모든 사람의 종이 되는 사람이 으뜸입니다. 원래, 섬기는 일은 큰사람이 하는 것입니다. 마음이 큰 사람이 다른 사람 종노릇을 할 수 있습니다. 집안에서 생각해 보십시오. 섬기는 일, 종노릇 누가 합니까? 작은 사람이 합니까? 어른이 합니까? 애들이 합니까? 큰 사람들이, 어른들이 섬깁니다. 이것이 하나님 나라의 질서입니다. 가정 안에는 이 질서가 많이 살아 있습니다. 가정 안에 이런 질서가 살아 있는 이유가 뭘까요? 그 안에 뭔가가 있기 때문인데요. 그게 뭘까요? "사랑"입니다. 사랑하는 자는 강자가 됩니까, 약자가 됩니까? 아무리 힘이 세고, 권세가 많고, 돈이 많아도, 사랑하면 약자가 됩니다. 사랑하는 자가 약자입니다. 그러니 종이 되고, 한없이 섬깁니다. 큰 자가 되려면, 섬기는 자가 되라, 으뜸이 되려면 종이 되라는 역설적인 선포는 제자들 공동체의 일원으로 사는 중심을 무엇으로 규정하시는 것입니까? "사랑"입니다. 하나님 나라 백성 공동체를 이루는 중심 가치가 "사랑"이어야 하는 것을 말씀하시는 것입니다.

물론 사랑 없이도 섬길 수는 있습니다. 사랑 없이도 종노릇할 수 있습니다. 높아지기 위한 전략으로 얼마든지 그렇게 할 수도 있습니다. 작전상 그렇게 해서 높아지고 커지면, 세상 가치로는 크고 높아질지 몰라도 그것으로 끝입니다. 외형만 커질 뿐 진정 마음이 크고 위대한 사람이 되지는 못합니다. 그러므로 참된 섬김은 섬기는 자가 되어야 한다는 명령 때문에 억지로 하는 것이 아닙니다. 종이 되어야 한다는 율법 때문에 마지못해 하는 것이 아닙니다. 사랑이 그 이유이어야 합니다. 하나님 나라의 가치를 따라 오로지 사랑으로 종의 길, 섬김의 길에 서는 것이어야 합니다. 사랑하는 사람을 섬길 때는 마음이 어떻습니까? 불쾌하고 짜증납니까? 그 사람 앞에 종처럼 행하면서도 그 사람 웃는 모습 보는 게 기쁨입니다. 방바닥에 네발로 기면서 아이를 등에 태워 주면서도 아이가 신나 하면, 기뻐서 웃는 바보 아빠들이 되지 않습니까? 사랑 때문에, 사랑하는 이들을 위해서 섬김의 자리, 종의 자리를 향해야 한다는 것입니다. 섬김의 가치, 종의 가치를 따를 때 중심이 되는 것은 '사랑'입니다. 사랑을 마음 중심에 두는 것이 가장 중요합니다.

5
섬김의 목표

1) 대속물로 오신 예수님

　우리는 섬기는 사람이 되어야 하며, 그 섬김의 핵심은 사랑이어야 합니다. 그리고 그 사랑의 구체적인 방향은 예수님의 섬김을 통해 배울 수 있습니다. 예수님의 섬김의 절정은 '대속물'입니다. "인자가 온 것은 섬김을 받으려 함이 아니라 도리어 섬기려 하고 자기 목숨을 많은 사람의 대속물로 주려 함이니라."(막 10:45) '인자'는 메시아를 가리키는 호칭입니다. 바로 예수님 자신을 가리키는 말입니다. 하나님의 아들이신 예수님이 사람들을 사랑해서 구세주로 이 세상에 오셨습니다. 그 사랑 때문에 목숨까지 버려서 대속물이 되시려고 이 땅에 오셨습니다. 예수님께서 세상에 와서 인생들을 사랑으로 섬길 때, 그 섬김의 최종 목표를 분명하게 말씀하셨습니다. 예수님이 세상을 섬기려고 자기 자신을 내주셨는데, 무엇을 위해 어떻게 내어주셨다고 했습니까? "자기 목숨을 많은 사람의 대속물로" 내주셨습니다.
　대속물이란, 죄를 속하기 위해서 대신 죽는 제물을 말합니다. 사람들이 치러야 할 죗값 대신에, 죄인들이 당해야 할 영원한 지옥의 형벌 대신에 속죄의 제물로 예수님이 자신의 몸을 죽음의 권세에 내어주셨습니다. 우리 죄를 속하여 주시려고 대속의 제물로 자신을 십자가 죽음으로 내던지셨습니다. 이것이 사람을 향한 주님의 사랑입니다. 자기 목숨을 대속물로 내어주는 섬김, 그것이 예수님이 이 땅에 오신 목적이었습니다.

2) 예수님을 본받아

예수님을 믿고 따르는 사람들은 예수님의 모습을 본받고, 예수님의 목적을 함께 따라가야 합니다. 예수님을 따라서 목숨을 내놓을 수 있겠습니까? 목숨을 내놓는 것은 다 내놓겠다는 것입니다. 목숨은 내놓을 수 있지만, 돈은 못 내놓겠습니다. 말이 됩니까? 목숨은 내놓을 수 있지만, 주일 꼬박꼬박 지키는 것은 못 하겠습니다. 목숨은 내놓을 수 있지만, 양보는 못 하겠습니다. 말이 됩니까? 우리는 목숨까지 희생하신 예수님의 섬김과 희생으로 인해 우리가 죄 속함을 받고, 하나님의 자녀가 되었습니다. 하나님 앞에 용서와 용납을 받은 인생으로 살아가게 되었습니다. 우리가 그 은혜를 받았습니다. 그러면 우리는 어떻게 살아가야 하겠습니까?

3) 은혜 입은 자의 삶

우리도 예수님을 본받아 대속물의 삶을 살아야 합니다. 내가 먼저 희생해야 합니다. 그것이 믿는 이의 삶입니다. 내가 먼저 손해 보고 내가 먼저 양보해야 합니다. 신앙인은 이익에 민감하면 안 됩니다. 이

익에 재빠르면, 결국은 반드시 손해가 됩니다. 영적인 손해, 인간관계에도 손해, 나중에는 물질적으로도 결국은 손해를 보게 됩니다. 그것이 하나님의 법칙입니다. 사람에게 손해 보고, 하나님께서 채워 주시도록 하십시오. 그것이 신앙의 삶입니다. 예수님이 나의 죄를 위하여 대속물로 죽으셨음을 믿고, 그 은혜를 입은 우리는 어떻게 살아가야 하겠습니까? 하나님께서 나를 용서하여 주셨고, 내 죄가 예수님의 십자가에서 다 용서되었습니다. 우리도 그 사랑으로 서로 용서하고, 그 사랑으로 의와 사랑을 행하며, 그 사랑으로 기쁨과 감사가 충만한 삶을 살아가야 합니다. 날마다 시와 찬양과 신령한 노래를 부르며, 구원의 은혜를 감사하고 찬양하며 그렇게 새로운 삶을 살아가야 합니다. 예수님이 이 땅에 오시고 대속물로서 목숨을 버리기까지 섬기신 것은 나에게 새로운 삶을 살아가게 하기 위해서입니다. 예수님은 죄를 속하는 대속물이 되어 주셨습니다.

6
세상과는 다른 방식

예수님의 제자 중 야고보와 요한 형제가 예수님께 청탁을 한 사건은 예수님께서 세 번에 걸쳐 자기가 십자가에 달려 고난받을 것을 제자들에게 예고하신 직후에 일어난 사건입니다(마 20:20-28, 막 10:35-45). 주께서 영광을 받으실 때에 "하나는 주의 우편에 하나는 주의 좌편에 앉게 하소서." 하는 청탁입니다. 그런데 마태복음과 마가복음의 기록 중에 한 가지 차이가 나는 부분이 있습니다. 마가복음에서는 베드로와 요한이 직접 예수님께 부탁하는 것으로 나와 있지만, 마태복음에서는 그 형제의 어머니가 예수님을 찾아와서 부탁을 한 것입니다. "그 때에 세베대의 아들의 어머니가 그 아들들을 데리고 예수께 와서 절하며 무엇을 구하니. … 나의 이 두 아들을 주의 나라에서 하나는 주의 우편에 하나는 주의 좌편에 앉게 명하소서."(마 20:20-21) 무슨 차이가 있을까요? 마가복음에서는 그래도 두 형제가 고난을 견디겠다는 다짐을 했으리라고 짐작할 수 있습니다. 예수께서 고난당하실 때에 우리 형제도 아주 모범적으로 최선을 다해서 따를 테니까, 그리고 나면 이런 보상을 약속해 주십시오, 하는 것입니다. 인간적으로 생각해 보면, 충분히 그럴 수 있는 내용입니다. 그 고생을 함께하는데, 나중에 다 보상해 주시겠다는 약속이라도 좀 받아 두고 싶은 것입니다. 그리고 나머지 열 제자들이 화를 내는 것도 이해가 갑니다.

| 종의 마음으로 |

'다 같이 고생했지, 너희만 고생했냐. 너희만 더 특별하게 부탁을 하는 게 말이 되느냐.' 이런 것입니다. 그러나 주님은 그것은 세상 방식이라고 말씀하십니다. 하나님의 방식은 섬기는 자가 큰 자입니다. 하나님의 방식은 나중에 더 특별한 대우와 보상을 받으려는 목적으로 섬기는 것이 아니라, 섬기는 그 자체에 기쁨이 있고, 섬김 그 자체가 축복이 되는 것입니다. 섬김이 곧 기쁨입니다. 섬김이 곧 축복입니다.

마태복음에서는 야고보와 요한의 어머니가 나옵니다. 야고보와 요한 형제가 직접 부탁한 것이 아니라, 사실은 어머니가 한 것이라고 분명하게 밝혀 줍니다. 예수님께서 예루살렘에 입성하게 되면 헤롯 왕가를 무너뜨리고는 천국이라는 새로운 왕국을 세울 거라고 생각한 어머니는 "당신이 나라를 세우게 되면 당신을 줄곧 따라다녔던 내 두 아들이 당신과 함께 영광을 누리는 자리에 앉혀 주십시오." 하고 청탁을 했다는 것입니다. 어머니의 마음이 이해는 됩니다. 세상에 자기 자식이 더 잘되기를 바라지 않는 어머니가 어디 있겠습니까. 그동안 두 아들이 예수님을 따라다니면서 그 고생스러운 길을 가는 것을 보고 마음이 짠했겠지요. 그리고 이제 예루살렘 입성을 눈앞에 두고 좀 있으니 예수님이 나라를 건설하고 높은 자리에 오르실 것 같으니까 용기를 내서 찾아와 부탁을 드린 것입니다. 그러나 예수님은 의외의 대답을 하십니다. "너희는 너희가 구하는 것을 알지 못하는도다. 내가 마시려는 잔을 너희가 마실 수 있느냐."(마 20:22) 이 말씀을 좀 풀어서 말하자면 이런 뜻입니다. '내가 가는 길은 세상적으로 생각하는 그런 길이 아니다. 너희가 구하는 그런 것과는 다르다. 이 길은 하나님 앞에 설 때까지 행해야 하는 고난의 길이다. 이 땅에서 해야 할 섬김의 사명을 다 마치고 하나님 아버지 앞에 설 그때에 아버지께서 누구에게든지 영광을 받게 하시는 그런 길이다.' 그래서 예수님의 섬김은 나중의 대가를 도모하는 섬김이 아니라, 끝까지 섬기고 자기 목숨까지 다 내어주어 대속물이 되시는 그런 섬김이라는 것입니다. "인자가 온 것은 섬김을 받으려 함이 아니라 도리어 섬기려 하고 자기 목숨을 많은 사람의 대속물로 주려 함이니라."(마 20:28)

우리가 흔히 '섬김'을 말할 때, 누군가를 위해 시간과 물질을 들여 봉사하는 것을 떠올립니다. 즉, 고아원이나 양로원 같은 데를 정기적으로 방문하고 그들의 필요를 채워 주기 위해 봉사하는 것을 '섬김'으로 여긴다는 것입니다. 과연 그런 것이 '섬김'일까요? 그 같은 봉사는 참으로 귀한 것이지만 그럼에도 불구하고 봉사는 봉사이지, 그 자체가 곧 섬김은 아닙니다. 그런 봉사의 밑바탕에는 우리가 그들보다 우월하다는 생각이 은연중에 깔려 있는 경우가 많기 때문입니다. 좀 더 나은 내가 어렵고 불쌍한 사람들을 도와주는 것이라고 생각합니다. 그래서 봉사를 하면서도 자존심을 세우고, 자기가 여전히 살아 있고, 어떤 경우에는 봉사를 하면서도 자기를 내세우려고 하고, 자기를 알아주기를 기대합니다. 그런 것들은 봉사는 될 수 있을지 몰라도 '섬김'은 아닙니다. 예수님께서 말씀하시는 섬김은 우리가 "종"이 되었을 때에야 비로소 가능하다고 하십니다. 종이 열심히 섬기고 나면 주인이 됩니까? 종은 그냥 종입니다. 아무리 열심히 섬기고 나서도 종입니다. 그것이 종의 사명이기 때문에 그렇습니다. 종은 자존심도 죽이고 내 주장도 죽일 각오를 해야 합니다. 그래야 종이 되는 것입니다. 그게 참 어려운 일입니다. 어려워도 다 내려놓아야 그게 진짜 '섬김'입니다. 우리의 봉사가 진정한 '섬김'이 되게 해야 합니다. "예수께서 제자들을 불러다가 이르시되 이방인의 집권자들이 그들을 임의로 주관하고 그 고관들이 그들에게 권세를 부리는 줄을 너희가 알거니와. 너희 중에는 그렇지 않아야 하나니 너희 중에 누구든지 크고자 하는 자는 너희를 섬기는 자가 되고. 너희 중에 누구든지 으뜸이 되고자 하는 자는 너희의 종이 되어야 하리라."(마 20:25-27)